不确定性产权流转会计论

陈洁  著

西南财经大学出版社
Southwestern University of Finance & Economics Press
中国·成都

图书在版编目(CIP)数据

不确定性产权流转会计论/陈洁著.—成都:西南财经大学出版社,
2015.11
ISBN 978-7-5504-2183-7

Ⅰ.①不… Ⅱ.①陈… Ⅲ.①产权—会计—研究 Ⅳ.①F23

中国版本图书馆CIP数据核字(2015)第235014号

不确定性产权流转会计论

陈洁 著

责任编辑:李特军
助理编辑:李晓嵩
封面设计:何东琳设计工作室
责任印制:封俊川

出版发行	西南财经大学出版社(四川省成都市光华村街55号)
网　　址	http://www.bookcj.com
电子邮件	bookcj@foxmail.com
邮政编码	610074
电　　话	028-87353785 87352368
照　　排	四川胜翔数码印务设计有限公司
印　　刷	四川五洲彩印有限责任公司
成品尺寸	148mm×210mm
印　　张	6.5
字　　数	165千字
版　　次	2015年11月第1版
印　　次	2015年11月第1次印刷
书　　号	ISBN 978-7-5504-2183-7
定　　价	39.00元

前言

产权是市场经济的基础，明晰产权关系可促进社会经济的发展。产权流转包括全部产权交易和部分产权流转。部分产权流转是指使用权和收益权的流转，如土地使用权流转、矿业权流转以及租赁业务等。我国法律明确规定，土地和矿产资源归国家所有，人们只能拥有土地和矿产资源的使用权和部分收益权。本书在这种特殊的公有产权制度下，以价值理论、产权理论、契约理论、不确定性理论以及财务会计概念框架理论为基础，运用规范分析和实证分析相结合的研究方法，分析不确定性的部分产权流转价值的构成、计量与信息披露。

本书根据部分产权流转不确定性程度的高低，将产权流转分为高度不确定性产权流转、中度不确定性产权流转和低度不确定性产权流转，并构建了不确定性下产权流转的会计理论框架。由于不确定性程度的不同，在进行产权流转的价值计量与信息披露时，选择的计量属性也有所不同。对高度不确定性的产权流转，主要以公允价值计量；对中度不确定性的产权流转，采用公允价值与历史成本计量属性混合计量；对低度不确定性的产权流转，以历史成本计量为主，辅以公允价值计量。

高度不确定性产权流转计量主要以矿业权为例。矿业权在勘探开采之前的流转具有极大的不确定性。矿业权流转包括矿产资源权益的交换、转让、租赁、合作经营等方式，会计作为提供信息的工具，必然反映这些问题。矿业权流转的不确定性程度极大，为了反映矿业权流转过程的风险，建议采用公允价值计量矿业权流转价值，从受让方和转让方两个角度探讨矿业权流转过程中的价值计量。

中度不确定性的产权流转计量主要以土地使用权为例。在我国特殊的产权体制下，土地产权只能部分流转。现行会计准则没有为土地流转发布单独的会计规范，导致会计信息缺乏可比性。在市场经济迅猛发展，尤其是房地产市场蓬勃发展的今天，土地流转越来越频繁，运用公允价值计量土地流转价值成为现实。本书从土地二级市场的转让方和受让方角度探讨我国土地流转价值计量，以期对我国土地流转相关政策的制定提供理论参考。

对低度不确定性的产权流转计量主要以租赁业务为例。本书阐述租赁业务的产权内涵、分析现行世界各国租赁会计的发展情况。本书以4家上市航空公司为例，阐述我国承租人和出租人的会计处理现状，并根据国际会计准则理事会提出的租赁业务新模式，分析将经营租赁承诺资本化后，将会对公司的资产、负债、流动比率、资产负债率等财务比例产生怎样的影响。结果表明，经营租赁承诺资本化后，公司的流动比率、资产负债率都较资本化前有所提高。

信息披露是不确定性产权流转会计的重要部分。本书阐述矿业权流转、土地使用权流转以及租赁资产使用权流转的信息披露问题。不确定性产权流转中最大的问题就是风险，本书采取实证研究的方法分析高度不确定性产权流转、中度不确定性产权流转和低度不确定性产权流转在风险披露方面的异同，认为在高度不确定性程度下应披露更多的信息。

本书的创新点如下：

第一，在我国特殊的公有产权制度下，以使用权流转为主的产权流转会计研究具有中国特色，在国内属首创。

第二，现行会计规范对矿产资源、土地使用权及租赁资产使用权的会计处理多以历史成本为基础，没有考虑资源的价值。本书以公允价值为计量基础，研究产权流转价值的计量与信息披露。

第三，将契约理论和不确定性理论运用到产权流转会计中，突破了会计学就会计谈会计的局限，将会计理论与产权理论、契约理论、不确定性理论密切联系在一起，弥补了产权经济理论研究的缺陷。根据不确定性程度的高低进行会计计量和信息披露是本书的重要创新点。

陈洁

2015 年 10 月

目录

1 绪论

1.1 选题背景与意义

1.1.1 选题背景

产权是市场经济的基础，明晰产权关系可促进社会经济的发展。产权流转包括完全产权交易和部分产权流转。完全产权交易是所有权的交易，如商品的买卖。部分产权流转主要是使用权和收益权的流转，其所有权不发生转移，如土地使用权流转、矿业权流转以及租赁业务。在市场经济条件下，产权风险越来越大，产权人为了享有收益，但又不想承担全部风险，于是签订部分产权合约以规避风险，这就是部分产权流转。

土地和矿产资源是国民经济发展的支柱。我国法律明确规定，土地和矿产资源归国家所有，人们只能拥有使用权，因此土地使用权和矿业权是有限支配的他物权。在这种特殊的公有产权制度下，我国允许土地使用权、矿业权在公开的交易平台依法、合理、有序流转，流转方式包括出让、转让、抵押、出租、继承等。产权只有通过市场流转才能实现保值和增值，引导资源合理有效配置。

法律明确的是产权的权利属性，但产权的价值属性则要运用会计工具计量。社会经济发展史充分证明，会计在产权界定、价值实现和监督产权价值流转方面起着重大的作用。会计的重要性就在于它可以运用计量的方式反映产权的归属、产权价值的转移、产权流转的风险，这是其他工具无法代替的。产权转让方可运用会计工具计量流转的收益；产权受让方可运用会计工具计量产权的取得成本，反映产权持有期间公允价值变动对资产和损益的影响，同时通过财务报表披露产权流转过程的风险并进行控制。在市场经济中，产权流转是通过契约来实现的，契约的签订、执行与考核都离不开对相关产权权利的界定、价值的计量以及对产权变动情况的记录，这些工作是由会计来完成的。因此，会计是反映产权流转的基本工具。

产权流转过程充满着未来的不确定性，会面临法律风险、经济风险和社会风险等。目前的会计基本是确定性会计，即收益和风险伴随着所有权的转移完全转移。随着社会的发展，不确定性越来越大，风险也越来越难以控制，如何计量产权流转过程中的部分收益和部分风险，这是部分产权流转过程中的特殊问题。因此，加强产权流转的风险管理和监督，是产权流转健康发展的重要前提和保证。在产权流转过程中，发挥会计监督的职能，利用适当的会计控制手段进行风险管理无疑是一个有效的途径。但目前我国还没有与产权流转相关的会计准则，本书将对产权流转会计问题进行系统的分析，构建产权流转会计规范的理论框架，以有利于我国产权流转的健康发展和产权市场的安全稳定。

1.1.2 研究意义

土地资源和矿产资源对国民经济发展起到了支撑作用。20世纪80年代，我国城市土地开始实施有偿使用制度，以土地资源配置市场化为目标的城市土地使用制度改革蓬勃发展，城市土地市场应运而生。矿业权的有偿使用制度出台稍晚，1996 年修订后的《中华人民共和国矿产资源法》才确立了探矿权、采矿权有偿取得和依法转让的基本法律制度。1998 年，国务院颁布了三个矿业权行政法规[①]，启动了矿业权市场建设试点工作，标志着矿权市场正式启动。尤其是在我国的航空业和建筑运输业中，租赁业务因为可以缓解公司的资金压力，而倍受瞩目。

部分产权流转价值的计量问题一直困扰着会计界。国际会计准则理事会（IASB，下同）和美国财务会计准则委员会（FASB，下同）近年来也在积极研究讨论，拟制定相应的较完善的会计准则。对产权流转价值的确认、计量和信息披露进行全面的论述，构建相对完整的产权流转会计理论体系，既具有较高的理论价值，又具有重要的社会实践价值，不仅对于发展会计理论、资源经济学理论具有重要的理论意义，而且有利于我国产权市场化改革和资源的合理配置。尤其是在全球倡导低碳经济、保护大气环境的理念下，开展产权价值计量与信息披露研究，可促进资源的有效开发和利用，提高经济效益和生态效益，促进环境条件的改善。只有产权流转价值构成弄清楚了，会计上的计量和披露问题解决了，产权市场化进程才能有效进行，我国产权权益分配的弊端才能有效解决。该项研究对构筑现代产权制度，落实产权流转运作机制具有重要的意义，可推动我国产权流转市场尽快步入健康发展的轨道，指导我国产权流转会计制度的建设，拓展会计的研究视野，对会计规则的改进、对我国会计信息质量的提高、对我国产权市场及资本市场的发展均具有较大的价值。

---

① 1998 年 2 月 12 日国务院颁布了《矿产资源勘查区块登记管理办法》《矿产资源开采登记管理办法》与《探矿权采矿权转让管理办法》三个矿业权法规。

1.2 文献综述

1.2.1 国外研究综述

1.2.1.1 关于产权基本理论的研究

第一，关于产权定义的研究。掌握产权理论，必须首先理解产权的概念。产权是与财产相关的一束权利，反映人们在经济活动中围绕财产所形成的一系列社会关系，没有财产就不会有权利。不同的财产可以派生出不同的权利，如股权、债权、知识产权、物权、抵押权、质押权等。财产的权利不仅归所有者所有，非所有者也可以对财产拥有部分权利。经济学和法学都对产权进行了定义。因此，产权概念在文献中是五花八门的，并没有一个统一的规范。阿尔钦（Alchian，1965）参考了法律文献，认为狭义的大陆法和广义的英美法律一样，有绝对权利和相对权利之分。马瑞曼（Merryman，1985）认为绝对权利是针对所有人，相对权利是针对使用者。丹尼尔和格罗斯曼（Daniel & Grossman，2000）认为法律界采用关系来定义产权，如果某人对某物拥有所有权，则其他人有相应的义务不去干扰他的占有和使用。除此之外，弗鲁博顿和里克特（Furubotn & Richter，2000）延伸了产权的概念，不仅包括法律权利，也包括公约权利，如礼仪、社会风俗和排斥。

在经济理论上，德姆塞茨（Demsetz，1967）主要从产权的功能和作用来定义产权，他认为产权是一种社会工具，可帮助权利人合理地拥有财产。诺斯（North，1990）将产权界定为个体对他们所拥有的自己劳动、商品和服务的适当的权利。[①] 这个定义与德姆塞茨（Demsetz）对产权的定义基本一致。阿尔钦（Alchian，1965）认为产权是权利人对经济商品的一束强制使用权利。伊特韦尔（Eatwell，1987）认同阿尔钦对产权的定义。巴泽尔（Barzel，1989）声称个体对资产的权利包括消耗该资产或转让该资产从中获得收入，并进一步指出，法律权利作为规则是用来加强经济权利的。美国经济学家尼科尔森（Nicholson，1992）将产权定义为所有权和所有者的各项权利的法律安排。弗鲁博顿和派卓维奇（Furubotn & Pejovich，1972）认为产权是人们在利用稀缺资源时产生的人与人之间的关系。

国外学者从经济学和法学的不同角度阐述了产权的定义，其要点可归纳为：其一，产权是围绕财产的一系列社会关系；第二，产权是一种法律权利，包括相对权利和绝对权利；其三，产权是一种社会工具，反映人与人之间的关系。西方学者的产权概念基本上以私有产权为出发点。

第二，关于产权内容的研究。财产的权利由权能部分和利益部分构成，二者相互依存、内在统一。德姆塞茨（Demsetz，1964）认为产权是依附于物品或劳务的“一组”权利，只要存在两组产权就可发生交换。弗鲁博顿和派卓维奇（Furubotn & Pejovich，1972）将产权分为使用权和处置权两大类，使用权是使用财产的权利，处置权又分为出售和出租权利两类，出售是转移财产的全部权利，出租是转移财产的部分权利。20 世纪末英国学者 P. 阿贝尔（1994）认为产权不仅包括所有权，还包括使用权、管理权、转让权、禁止损害权等其他权利。西班牙学者施瓦兹（P. Schwartz，1974）则认为产权还包括投票方式的权

---

① 诺斯. 经济史中的结构与变迁［M］. 陈郁，等，译. 上海：上海三联书店，1991：21.

利、行政特许权、履行契约权等。

第三，关于产权结构的研究。罗马法典指定了产权的几种类别，所有权包括使用资产的权利、从使用资产中获得收益的权利、改变资产形式和内容的权利，在双方商定的价格基础上有权转让全部或部分上面规定的权利给其他人。阿尔钦和德姆塞茨（Alchian & Demsetz，1972）从“经济权利”角度考虑，如果土地使用者能够充分行使法律上的权利并承担行动的后果，则在特定的所有权对象中可能同时存在多重利益。根据布兰道和菲德尔（Brandao & Feder，1995）的观点，产权可分为开放进入、公共财产、私有财产和国家财产四种类型。诺斯等（North，1990；T. Yang，1987）声称，公共产权招致低生产效率，因为没有人有动机去努力工作以增加他们的私人收益。有学者（Cheung，1970）认为公共产权是一种促进租金消散的产权形式。阿尔钦和德姆塞茨（Alchian & Demsetz，1972）进一步论证，公共权利的困难在于它不利于精确计量成本，拥有公共权利份额的人们往往忽略他们的行动后果来行使权利，因此这种产权制度产生了交易成本。在私人产权制度下，土地分配给具体的个人或法人实体，国家或社区可对这些权利施加某种正式的或非正式的限制。有学者（Cheung，1974；Alessi，1980）指出，私有产权是使用资源的专有权，从中产生收益，并自由转让全部或部分所有权。国家所有权是国家拥有资源的所有权，但可通过出租或其他方式转让一些权利给私人用户或社区，如允许在国有土地上放牧。当国家不能主张权利时，国家财产有可能变为事实上的私有财产。克维尔（Kivell，1993）指出，在混合经济占主导地位的西方世界，土地所有权主要在公共部门和私营部门之间分配。马西和卡特雷诺（Massey & Catalano，1978）根据土地在生产过程中发挥的功能，将英国的私有土地所有权划分为三种形式，包括工业用地所有权、资本土地所有权和原始土地所有权。

第四，关于产权作用的研究。巴泽尔（Barzel，1989）认为人类社会的一切制度，都可以放置在产权框架里加以分析。经济理论表明，私有产权功能是为高效使用资源建立的动机诱因。德姆塞茨（Demsetz，1967）认为产权的主要功能是引导激励将外部因素实现更大的内部化。同样，里贝卡（Libecap，1986）认为产权通过激励影响经济行为。艾烈希（Alessi，1983）参照阿尔钦的作品，指出不同的产权制度表示决策者不同的激励结构，导致不同的资源组合和不同的输入输出混合数。产权功能建立了激励机制，能有效地利用资源，提高经济效益。

第五，关于交易成本与产权关系的研究。在新古典主义世界中，交易成本为零是纯理论性的。在现实世界，交易成本是存在的。阿罗（Arrow，1969）将市场失败的原因主要归于交易成本，是交易成本完全或部分阻碍了市场的形成。沃尔特斯（Walters，1983）认为不断增大的交易成本阻碍了城市土地的流转。艾列希（Alessi，1983）认为由于存在正的交易成本，资源的一些权利将不能充分分配，也不能充分执行或定价。资产转移需要成本，但交易成本如果非常高昂，则权利人可能放弃具有吸引力的交换，限制市场的准入和退出，恶化流动性。在交易成本普遍存在的情况下，产权安排对生产和分配具有深远和持久的影响。

第六，关于产权制度变迁的研究。产权不存在于制度真空中，产权由社会制度和社会规范加以约束，制度和社会规范随着时间的推移而发生变更，进而影响产权。

产权制度是多样性的，也是不断变化的。研究产权制度的变迁，可以遵循均衡的途径，也可以遵循演进的途径，阿尔钦（Alchian，1958）曾认为这两条途径对经济行为的解释是等价的。事实上，均衡分析一般处理经济因素，而演进理论往往处理非经济因素。德姆塞茨（Demsetz，1967）从经济因素来揭示产权制度的形成与变迁，揭示了资源稀缺程度和相对价格因素的影响。安德森和希尔（Anderson & Hill，1975）揭示了界定和执行产权的技术变化对产权契约的影响。这些理论都把产权制度变迁看作是一个常规过程，把研究的重心放在了产生制度结果的基本经济力量上。但是历史上的产权制度并不仅仅是对广泛的经济压力做出的反应，它们也是利益冲突博弈和妥协的结果。乌姆贝克（Umbeck，1977）从非经济因素来揭示产权制度形成与变迁规律，他以美国西部淘金时期的经验事实论证了"强力界定权利"。斯科特和安德鲁（Schotter Andrew，1980）不仅用博弈论阐释了哈耶克自发秩序的基本原理，而且也证明产权不仅仅可以协调生产性活动，也成为"保持收入分配不平等的制度"，并且提供了维持秩序的作用。诺斯（North，1981）揭示了技术因素和人口压力的影响。里贝卡（Libecap，1989）论证了政治因素对产权缔约的影响，认为许多制度都是由独裁者、强势利益集团和政治上的多数派创立的，他们建立这些制度的目的就是为了牺牲他人利益从而使自己获利。萨格登（Sugden，1995，1998）认为大多数与产权界定有关的行为惯例都起源于"先到先得"原则。H.培顿·扬（Young H.P，1993，1996）用讨价还价模型，说明了在没有第三方理性设计的情况下，自利且理性有限的个人可以在稀缺资源的竞争中自发组织一种互惠互利的产权制度。

无论不同学者的观点与方法有怎样的区别，有以下几点是共同的：其一，产权界定清晰与否是决定市场交易及资源配置有效性的根本条件；其二，产权制度中，权利与风险责任的对称是保证监督有效的必要条件；其三，私有产权越纯粹，资本及有关产权相互间界定越严格，市场机制越有效。

1.2.1.2 关于资源产权的研究

资源的稀缺性决定了明确资源产权的重要性。稀缺性是产权产生的基本前提。矿产资源和土地资源交易的实质是其产权的交易。里贝卡（Libecap，1986）对产权的发展历程进行了梳理，认为在通常情况下，产权分配更重要，并鼓励市场交易，不赞成政治再分配。萨姆纳（Sumner J. La Croix，1992）从澳大利亚和美国的淘金热分析两国的矿产资源产权安排。内利·杰姆斯（Nellie James，1997）研究了巴布亚新几内亚国家的矿产资源产权安排和产权政策，该国矿产资源归国家所有，国家有权获得矿产开发的回报。海伦娜·麦克劳德（Helena McLeod，2000）研究了斐济的矿产资源产权安排，该国的土地所有者拥有土地上面和下面的一切，包括矿物质。此外，美国、加拿大、澳大利亚和南非都在积极研究新的矿产资源政策，制定科学合理的产权安排。林达·费尔南德斯（Linda Fernandez，2006）通过实证研究，探讨了不同产权制度下的森林资源和持续农业框架下的土壤质量退化，提出共同财产和私人财产权利可能导致类似的资源保护。

土地资源方面，伊利等（1924）阐述了土地所有权影响到土地的利用效率和自然资源的保护问题，他们将土地产权分为公有、私有和共有三类。阿朗索（Alonso，1964）是最早对土地市场进行研究的学者，他完善了约翰·冯·屠能的竞标地租理论，在城市土地市场均衡时形成了城市土地利用结构。米尔斯（Mills，1967）进一步发展了阿朗索的单一城市中心模型，使该模型成为研究城市土地利用结构以及城市经济结构的基础。普拉托（Platteau，1996）提出了“土地权利进化理论”的观点，认为土地地契随着土地稀缺和土地矛盾的增多而逐步形成，并最终从增长的人口和农业商品中实现流动。特斯法耶（Tesfaye Teklu，2004）对埃塞俄比亚农村土地及新兴的土地租赁市场进行研究，认为土地使用权的转移可以增加社会福利，土地的长期占有权安全可以加强土地的租赁。威廉·科塔尔该（Willem K. Korthals Altes，2006）认为应建立单一的欧洲土地市场，利用国家援助和公共采购来影响土地的开发。萨图尼诺·M. 博拉斯·JR（Saturnino M. Borras JR，2005）借鉴巴西、菲律宾和哥伦比亚的土地改革经验，认为以市场主导的、自愿的农村土地分配改革更方便土地的流转。科林和穆拉德（Jean-Philippe Colin & Mourad Ayouz，2006）以科特迪瓦土地市场为例，探讨了非洲农村土地出售的情况。诺威（Nivelin Noev，2008）认为土地产权、合同条款、人力资本和社会经济因素对保加利亚土地出售和租赁行为产生重要的影响。安卡利塞茨（Anka Lisec）等（2008）对国际的交易模式和不同房地产市场的房产转让情况进行了比较，并提出了农村土地产权转让的详细方式，建立一个可视化模型。蒂姆·狄克逊（Tim Dixon，2009）根据英国城市地产发展趋势回顾了过去50年的背景，界定了城市地产的所有权问题。还有学者（Espen Sjaastad & Ben Cousins，2008）提出“产权化可作为减少贫困的一种方法”的观点。他们认为贫困并不是没有资产，而是因为缺乏规范的受保护的产权。富裕国家之所以富裕，是因为其农田、森林、房屋等物品的拥有是以所有权来证明的。贫穷国家的居民虽有房子，但不拥有权利凭证；虽有农作物，但没有契约；虽有业务，但没有纳入法规。

1.2.1.3 关于产权会计的研究

会计是建立在产权关系基础上的。产权制度不同，相应的会计也不同。当现代产权理论发展成熟之后，会计研究人员开始将其运用于会计理论与实务方面，形成了产权会计。瓦茨和齐默尔曼（2006）运用产权理论来解释会计与审计问题，认为会计和审计是为监督企业契约签订和执行而产生的。大卫·艾勒曼（1982）比较了经济价值与会计价值的差异，构建了一个矩阵式的产权会计系统。国外的研究虽然都触及了产权与会计的结合，但都没有形成体系。

第一，矿业权流转会计规范研究。在矿业权会计的规范研究方面，美国、澳大利亚以及国际会计准则委员会等国家或国际组织纷纷对矿产资源的会计处理进行规范。美国是研究矿产资源会计问题较早且较系统的国家，其在石油天然气会计问题方面，走在了世界前列，研究成果丰硕。FASB 在 1975—1995 年先后发布了 6 份关于石油天然气的准则公告，包括美国财务会计准则（SFAS，下同）No. 9、SFAS No. 19、SFAS No. 25、SFAS No.39、SFAS No.69、SFAS No.121。美国对矿业权流转过程的规范主要涉及成果法、完全成本法下的石油天然气资产的计量、摊销、减值及信息披露等问题，并对矿业权的转让进行了详细的规范。

国际会计准则理事会近些年来积极推动采掘业会计研究并取得成效。其前身组织国际会计准则委员会（IASC，下同）于 1998 年专门成立了一个指导委员会，开始研究采掘活动会计与财务报告问题。当时，采掘行业有了较大的发展，但其会计和报告实务却极不规范。该指导委员会于 2000 年 11 月发布了“采掘行业问题报告”，提出了采掘行业会计的 33 个问题，但只对少数问题形成了暂行观点。2001 年 7 月，IASB 宣布，在时间允许的情况下，将重新启动该研究项目，其最终目标是开发一项全球趋同的、涉及采掘行业全部上游活动的矿产资源国际财务报告准则。2002 年 9 月，IASB 认为，无法在短时间内为 2005 年采用国际财务报告准则（IFRS，下同）的许多实体完成关于采掘行业会计的全面项目，但是必须为这些实体提供一项处理勘探与评价成本的指南。因此，2004 年 12 月，在“采掘行业问题报告”的基础上，IASB 发布了 IFRS 6“矿产资源的勘探与评价”，首次对矿产资源勘探与评价活动的会计问题进行规范，为采掘行业会计实体提供了一项处理勘探与评价成本的准则应用指南，但 IASB 没有对开发、生产和废弃环节进行规范。

澳大利亚的矿产资源非常丰富，澳大利亚会计准则委员会（AASB，下同）对采掘业会计研究较早且较全面，建立了具有本国特色的会计准则体系，采用权益区域法对矿产资源进行核算。1989 年，AASB 发布了采掘业专门准则 AASB 1022“采掘行业会计准则”，澳大利亚会计师协会和澳大利亚会计研究基金会发布了“采掘行业会计准则”(AAS 7)，两者名称相同，且技术性的内容也一致，只是前者应用于公司企业，后者应用于私营部门的非公司报告主体以及公营部门的商业企业。AASB 为了使其准则与 IASB 的 IFRS 趋同，在 IASB 发布 IFRS 6 的同时，也发布了与 IFRS 6 对等的澳大利亚会计准则第 6 号“矿产资源的勘探与评价”。

其他国家如加拿大、英国和印度尼西亚等国也发布了相应的石油天然气会计准则或公告，如加拿大的石油天然气行业完全成本会计准则、英国的石油天然气勘探、开发、生产和废弃活动会计公告、印度尼西亚的石油天然气行业会计准则。

第二，土地流转会计规范研究。土地资源作为企业重要的、必备的劳动资料，具有资产属性，是为企业所控制的，能给企业带来未来经济利益，用货币计量的经济资源。美国、中国香港、IASB 等国家、地区、国际组织的会计准则对土地流转的计量都有规定。

IASB 没有发布单独的土地会计准则，对土地的会计处理散见于国际会计准则（IAS，下同）的规定之中，现行规定是根据土地产权的不同以及持有目的不同划分的。IAS 16“不动产、厂场和设备”是针对土地所有权而言，企业持有土地的目的为自用，企业将取得的土地作为不动产计入“固定资产”。IAS 16 规定取得土地所有权时以历史成本进行初始计量。在后续持续期间，以公允价值重估入账，公允价值可为市场价值，也可由专业评估人员评估确定。国际会计准则表明，土地不一定归国家所有，个人、企业可购买土地的所有权（中国除外）。IAS 17“租赁”是针对土地使用权而言的，会计主体通过租赁方式取得土地使用权适用该准则的规定。IAS 40“投资性房地产”是针对土地投资而言的，规定采用公允价值或成本计量，如果公允价值能够可靠取得，则采用公允价值计量，如果不能获取，则按历史成本计量。IAS 41“农业”涉及土地的相关会计问题，但没有具体的处理规定。

国际惯例对土地资源的会计处理各不相同，如果企业拥有土地所有权，能无限期使用的计入固定资产，不计提折旧，或与地上房屋建筑物一并计入固定资产，不计提折旧。有的则计入“递耗资产”，按期折耗。如果是经营租入的土地，并且对承租人具有有限的寿命的，则作为无形资产核算。

第三，租赁业务会计规范研究。美国是世界上租赁业务最发达的国家，其对租赁会计的规范研究也比较早。第一部租赁会计准则是 FASB 于 1976 年发布的 SFAS No.13，要求出租人和承租人共同遵守，此后 FASB 又对其进行了多次修订。国际会计准则委员会（IASC）于 1997 年 12 月正式发布了 IAS 17“租赁”。该准则是世界上许多现存租赁会计准则的典范，对融资租赁和经营租赁进行了根本的区别。澳大利亚会计准则评审委员会（ASRB）于 1986 年 7 月发布了第 1008 号准则“租赁会计”。1987 年 11 月，ASRB 又重新评审批准了该项准则。为了促进澳大利亚会计准则与国际会计准则的协调，澳大利亚公共部门会计准则委员会（PSASB）在 1997 年 7 月发布了第 82 号征求意见稿“租赁”（ED 82）。在充分考虑了对该征求意见稿的反馈意见后，澳大利亚会计准则委员会（AASB）于 1998 年 10 月发布了修订后的会计准则，即 AASB 1008 “租赁”。为执行澳大利亚财务报告委员会（FRC）要求与国际会计准则理事会的准则趋同的战略指示，AASB 于 2004 年 7 月正式颁布了与 IAS 17 “租赁”趋同的澳大利亚会计准则第 117 号“租赁”（AASB 117），该准则从 2005 年 1 月 1 日开始取代 AASB 1008。AASB 117 的基本内容与 IAS 17 类似，但为了体现澳大利亚的特色，增加了特别说明。

1. 2. 2 国内研究综述

1. 2. 2. 1 关于产权基本理论的研究

在西方产权理论传入中国之后，国内学者纷纷开始研究适合中国特色的产权理论。牛福增（1997）指出离开了对生产资料的所有权，产权将不复存在。张维迎、张五常、周其仁等都对产权理论进行了分析。关于产权含义的界定，国内理论界尚未形成统一认识。刘诗白（1993）认为产权包含财产所有权和财产支配权两个含义。张军（1994）认为，完备的产权包括多项权利，既有使用权，又有用益权、决策权和让渡权。唐贤兴（2002）提出“产权是要素的升华”的观点，认为界定清晰的产权，更能提高要素的生产效率。我国学者对产权定义的研究出发点有别于西方国家从私有产权出发，大多从公有产权或国有产权出发，形成了独具特色的不同的产权观，有的学者认为产权就是所有制权利；有的学者认为产权是反映经济主体对财产的权利关系的概念；有的学者认为产权包括所有权和债权两层含义；有的学者认为产权是在资源稀缺的条件下人们使用资源的权利；有的学者认为产权是围绕财产权而形成的权利群，包括所有、占有、使用、处置、收益等权利。

1. 2. 2. 2 关于资源产权的研究

在资源产权方面，胡敏（2004）提出了资源产权契约的概念，并提出改善资源管理效率的政策建议。张利庠等（2007）从初始产权界定和产权交易制度安排两个方面分析了我国自然资源产权制度的变迁历程，认为导致我国自然资源产权市场低效的经济学原因有三个方面：强制性公共产权和合理性公共产权界定模糊、使用权和经营权存在“二公”双重误区、自然资源交易权缺位。吴海涛、张晖明（2009）提出应当根据自然资源的不同特点采取不同的产权安排方式和资产化程度管理，建立资产化管理的体系框架。

矿产资源产权方面，许抄军、罗能生、王良健（2007）综述了我国矿产资源产权的研究现状，包括矿产资源产权的性质研究、矿产资源产权明晰意义研究、矿业权市场研究、矿产资源资产化管理研究等。除此之外，我国学者还对矿产资源产权结构、产权收益分配机制、产权流转、矿产资源产权发展方向等内容进行研究。孟昌（2003）、吴垠（2009）对矿产资源产权性质的研究表明，我国自然资源是公有制基础上的委托—代理关系。罗能生、王仲博（2012）以委托—代理模型为基础，探讨产权配置的效率，提出政府、资产经营管理公司和矿业企业的三级产权安排是最优的。严良（2000）主要研究明晰矿产资源产权的意义和必要性。明晰矿产资源产权可以减少不确定性，使外部不经济性内在化。覃兰静、唐小平（2004）提出我国的矿产资源产权改革应适应市场经济体制的要求，应明晰产权关系，完善矿业权交易市场；应完善立法，为矿产资源产权改革的市场化提供保障。干飞（2005）阐述了矿产资源产权的主要内容及含义，分析了矿产资源的所有权、管理权、勘采权、交易权和收益权的内涵，提出了完善我国矿产资源产权制度的主要内容。王雪峰（2008）从经济学角度分析我国矿产资源产权关系，并提出矿产资源产权制度的创新需从国家、地方政府和矿山企业三个方面寻求解决途径。胡文国（2009）分析了煤炭资源的所有权、使用权和收益权以及产权明晰对外部性问题的影响及其作用机理，并提出完善、明晰矿业权关系和产权制度的建议。陈洁、龚光明（2010）从产权角度探讨了矿业权收益如何在国家、矿山企业、当地居民之间分配的问题。曹海霞（2011）梳理了我国矿产资源产权制度的历史演进过程，从产权制度的界定、配置、交易以及保护等方面提出矿产资源产权制度改革的方向与路径。

在土地资源产权方面，现有的研究主要集中在土地产权的性质、土地产权制度改革、土地产权流转等方面。曹建海（2001）分析了我国城市土地产权制度的演变过程以及变革过程中存在的问题，提出了我国城市土地产权制度改革的思路及发展方向。蓝虹（2002）通过对中国土地产权制度演进的历史制度分析，构建一个以供求分析为基础的制度分析理论框架。宋玉波（2004）以制度创新理论为基础分析中国集体土地产权制度创新。原玉廷（2004）分析中国城市土地管理中存在的体制性漏洞和缺陷，提出城市土地产权制度“三权分离”的基本设想，即将土地的所有权、使用权和管理权相分离。潘世炳（2005）引入新制度经济学的相关理论，利用《中华人民共和国物权法》对中国土地产权进行最优界定，构建了一个主体明确、定性清晰、定量科学、分级授权管理的土地产权体系。刘新芝等（2006）分析城市土地市场存在价格扭曲、寻租等问题的根源是由于城市土地产权制度设计存在缺陷，认为强化土地使用权、降低交易成本是解决这些问题的根本措施。谭峻等（2007）分析了小城镇土地产权制度的缺陷及负面效应，提出了小城镇土地产权制度建设的基本目标和思路。万举（2008）对我国城市化进程中出现的“城中村”问题进行深入研究，认为出现“城中村”的实质是国家介入了集体土地产权利益分配，解决这一问题的关键是要平衡权利与收益的关系。吴次芳等（2010）

结合经济学和社会学理论分析土地产权制度的性质和改革路径。他们认为中国土地产权制度是一种政治制度安排，也是一种社会组织制度安排，具有财产法律制度的性质。谭荣（2010）探寻中国土地产权及其流转制度的改革的路径，认为中国土地产权和流转制度的变迁，不仅是法律问题，还受到文化、治理、经济行为等因素的共同影响。

1.2.2.3 关于产权会计的研究

产权会计是产权理论与会计理论相结合的产物。20世纪90年代，我国会计学者开始将西方这一先进的经济学理论运用到会计领域，开启了会计研究的新视野，取得了丰硕的研究成果。通过从中国知网的检索，输入主题“产权会计”，找到257篇与产权会计相关的文献；通过从万方数据平台的检索，找到483篇符合条件的论文，学者们从不同角度、不同领域探讨产权与会计相关的问题，形成了比较系统的产权会计体系。最早用产权理论阐释会计问题的是刘峰和黄少安，他们尝试在会计准则中引入科斯定理，以启发我国会计准则的制定。伍中信对产权会计进行了系统的研究，他认为会计产生、发展和变更的根本使命是体现产权结构、反映产权关系和维护产权意志。郭道扬（2004）确立了产权会计观，树立契约全面确认与全面监控观念，以全方位实现产权会计变革。田昆儒（1998）深入阐述了产权经济会计的理论基础、产权经济会计的构造、基本假设、产权经济会计的静态问题和动态问题，丰富了现代会计理论与实务，完善了会计学体系。田昆儒（2012）再次从契约角度探讨会计的本质，揭示会计本质是会计契约论，认为会计工作是由契约构成的，会计契约的基础是“财产权利”，会计工作秩序源于契约，其目的在于履行和解除契约。杨再勇、龚光明（2008）详细阐述了产权与会计的关系。

关于产权会计的文献不断涌现，学者们从不同的角度研究产权理论在会计理论中的应用。从会计目标出发的有王一夫、李梅英和胡凯。王一夫（1998）提出产权会计的目标是为企业降低交易费用。李梅英（1999）从产权组织形式分析我国国有企业会计的目标。胡凯（2000）从产权的视角对会计目标进行重构。从会计核算出发的有伍中信、周华和施先旺。伍中信（1998）提出，产权流转既是会计对象的动态描述，也是对六大会计要素的统称。周华（2009）通过会计恒等式分析企业产权，认为静态恒等式反映产权的分布状况，动态恒等式反映产权的运动结果。施先旺（2010）借助“会计平面模型”假设，探究收入、费用和利润三大动态要素的账户结构及其关系。从会计信息出发的有伍中信、杜兴强、夏成才、韩传兵、吴俊英以及刘昌胜等。伍中信、肖美英（1997）从经济学的博弈角度着眼分析企业的会计监督职能。杜兴强（1998，2002）探讨会计信息产权的界定，分析会计信息产权的逻辑基础及其博弈过程。夏成才、王雄元（2003）提出以俱乐部的形式来安排会计信息的产权。韩传兵（2007）分析了会计信息产权和会计信息披露之间的内在联系，认为提高会计信息质量的关键在于解决会计信息产权安排问题。吴俊英、孔红枚（2010）认为我国会计信息质量低的根源在于会计信息的公共产权属性，公共产权属性诱致市场失灵，市场失灵给政府管制提供理由。刘昌胜（2011）重新界定了会计信息的产权概念，构建一个均衡分析框架，将会计信息产权配置制度选择与均衡的会计信息属性配置纳入均衡分析框架。雷光勇（2004）从产权契约的视角研究了会计的本质。从公允价值与产权会计的关系来看，曹越（2006）认为公允价值计量是产权会计的历史选择；曹越、伍中信（2009）提出公允价值计量基础是现实中充分发挥会计界定产权和保护产权功能的最佳计量基础；张荣武、伍中信（2010）考察了公允价值与会计稳健性之间的关系。

综上所述，产权会计已经在我国形成了比较完整的体系，突破了传统会计的局限性，从产权理论出发研究会计的变革，清晰地界定了会计的产权，反映企业的产权结构，保护企业的产权权益，对于发展会计理论与改进会计实务具有积极的意义。但现有的研究针对产权流转会计的并不多，仍需继续研究。

第一，矿业权流转会计的研究。我国会计学界对矿产资源会计的研究最全面的是龚光明教授，他的研究成果有：比较和评价了国际上石油天然气等矿产资源会计准则；应以历史成本作为石油天然气资产计量的基础；石油天然气资产转让收益的决定；石油天然气资产列报与信息披露；对我国石油天然气会计进行评价，并提出改进建议，提出建立统一的矿产资源财务会计的问题，是我国对石油天然气会计最具理论深度、最系统的研究。吴杰研究了如下问题：我国石油天然气会计准则的国际比较与协调；IASB 矿产资源会计研究项目的最新进展；矿产资源勘探与评价会计准则的国际趋同。谭旭红（2006）研究了如下问题：石油天然气行业采用成果法核算，煤炭矿产资源行业采用完全成本法核算；初次确认和计量时采用历史成本基础，再次确认时按历史成本基础和价值基础相结合反映；对矿产资源资产资本化进行了详尽的研究，以煤炭资源为例，探讨了矿产资源储量价值的确定；分别从达产期、稳产期和衰减期三个阶段阐述矿产资源资产折耗的计提；讨论了矿产资源资产转让收益。赵选民等（2002）也对油气会计核算问题进行了系统的分析。2006 年，我国发布了《企业会计准则第 27 号——石油天然气开采》，在石油天然气会计方面实现了与国际会计准则的部分趋同。李恩柱（2008）探讨了非油气矿产资源会计问题，以推动我国非油气矿产资源会计的发展。从上述分析来看，现有的研究主要集中在石油天然气领域，对煤炭和有色金属等矿产资源研究很少。我国对矿业权流转的会计规范比较薄弱，主要集中在初次计量上，但对于矿业权流转损益的确认及权益分配的会计处理研究较少，尚未形成系统的理论体系。

第二，土地流转会计的研究。我国没有单独制定土地会计准则。对土地的会计规定分布于固定资产、无形资产和投资性房地产会计准则中。根据我国《企业会计准则第 4 号——固定资产》的规定，因历史遗留原因单独估价入账的土地不提折旧。《企业会计准则第 6 号——无形资产》将土地列入无形资产，分期摊销。企业土地转让所得的分配用于补交土地出让金、缴纳土地增值税、缴纳所得税款或形成企业的税后留利。如果将土地使用权出租，则遵照相关会计准则的规定，作为投资性房地产核算。

第三，租赁会计的研究。我国关于租赁会计的规范从最初的“资产所有权观”到现在提出的“资产使用权观”是一个从无到有、从不规范到逐步规范完善的过程。2006 年 2 月，我国发布了《企业会计准则第 21 号——租赁》，从出租人和承租人两个方面规范了租赁会计的确认、计量和相关信息的披露。我国也正在积极探索与国际租赁会计准则的趋同。

1.2.3 研究述评

现有文献研究了产权定义、产权会计以及产权功能等问题，有一定的概括性，但总体来讲，目前的研究存在如下问题：第一，资源资产产权特征研究不够；第二，关于产权流转会计研究不够，目前的会计主要是对初始产权的计量，对二级产权流转过程中会计计量问题几乎未涉及；第三，结合会计的公允价值计量理论研究不够，现行的研究主要停留在历史成本上。这些不足为我们从事理论分析与实证检验留下了余地。本书以产权会计理论为基础，从不确定性角度分析产权流转中的会计计量与信息披露问题。

1.3 研究思路与研究内容

1.3.1 研究思路与技术路线

1.3.1.1 研究思路

在中国特殊的公有产权制度下，产权价值如何构成以及如何流转？产权流转风险如何控制？会计上又怎样计量？通过会计方法计量的流转收益如何分配？这些问题解决了，矿业权、土地使用权的流转才能顺畅，产权市场建设才能顺利进行。而在现有的产权经济学和会计学理论研究中，对这些问题尚没有进行深入的研究，现有的研究仅停留在产权一级市场的出让。本书即是结合产权经济学和会计学理论，从产权制度与会计计量结合的角度，揭示会计在产权流转中的重要作用，运用会计工具来反映产权流转的信息以及存在的风险，以期为企业投资矿业权、土地使用权、从事租赁业务等提供足够的决策信息，弥补产权经济学和会计学研究在这方面的不足。

本书首先运用现代产权理论，分析中国特殊产权制度下的矿业权、土地使用权、租赁的产权内涵。其次分析产权流转的不确定性程度。最后论述各种不确定性程度下的产权流转价值计量与信息披露，分析公允价值在产权流转中的运用。产权流转涉及转让方和受让方之间的关系，双方在产权流转中的会计处理有区别，本书分别从转让方和受让方两个角度来论述产权流转的会计计量。

1.3.1.2 拟采取的措施及技术路线

本书的研究，着眼于探讨产权流转会计的基本理论问题。因此，为达到预期的研究目标，拟采取规范与实证相结合的研究方法。本书首先采用规范分析法，以产权理论、价值理论与契约理论为指导，在我国特有的公有产权前提下，揭示产权流转与会计的紧密关系，并采用汇总的方法，将国际上各国会计准则中对矿业权、土地使用权及租赁业务会计处理方法进行汇总比较，找出目前产权流转中会计理论的不足，针对这些不足，从不确定性会计视角探讨产权流转价值的计量与信息披露问题。各种方法的综合运用，为本书的论证与逻辑推理提供了坚实的现实基础。

本书的研究拟采取的具体措施如下：第一，全面收集各国和相关国际组织的财务会计概念框架，进行比较分析；第二，全面收集各国和相关国际组织会计准则对矿业权、土地使用权及租赁业务的规定，分析其对使用权流转和收益权流转会计处理的不足；第三，理论分析公允价值在产权流转中运用的可行性；第四，理论分析改进现行财务会计概念框架的原则与路径；第五，针对我国产权流转的风险，提出相应的信息披露对策。

本书的研究技术路线如图 1.1 所示：

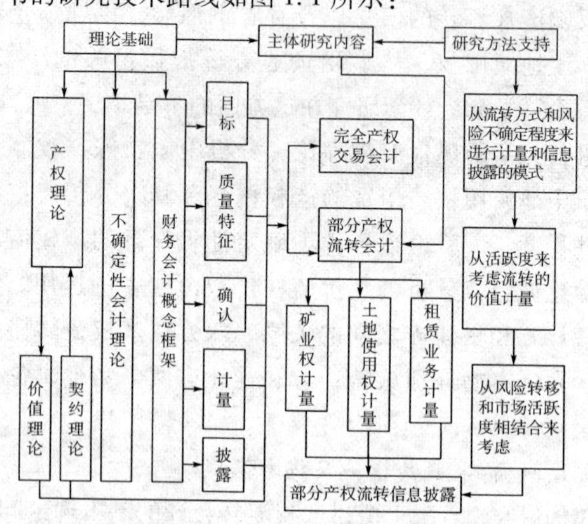

图 1.1　研究技术路线图

1.3.2 研究内容

1.3.2.1 基本约定

对产权流转会计进行研究，首先必须做出一些基本约定，界定财产与产权、所有权与产权、自物权与他物权、完全产权交易与部分产权流转等的关系。

第一，财产与产权。论产权必然论及财产。财产是指产品自身，包括有形财产和无形财产。财产是作为产权的“物”的基础而独立存在的，本身并不体现什么权利关系。而产权是所有权、使用权、收益权和处置权等一束权利的总和。

第二，所有权与产权。所有权是从法律角度确认的一种权利，指人们在占有、使用、收益和处分生产资料时发生的权利义务关系。广义的所有权等于产权，狭义的所有权只是产权中的一个组成部分。

第三，自物权与他物权。自物权是指权利人依法对自有物享有的物权。他物权是相对于自物权而言，是指权利人根据法律的规定或合同的约定，对他人之物享有的进行有限支配的物权。本书涉及的矿业权、土地使用权属于他物权，我国法律规定，矿产资源和土地资源归国家所有，国家将矿产资源和土地资源的使用权让与权利人开采和使用。

第四，完全产权交易与部分产权流转。由于产权赋予权利人一种处置权，因此产权可以在市场自由交易、流转。产权转移分为完全产权交易和部分产权流转。完全产权交易一般以所有权的转移为基础，一手交钱，一手交货，产权转移和风险转移同时进行，如汽车销售、商品销售等。部分产权流转主要是使用权和收益权的流转，如土地使用权流转、矿业权流转、林权流转以及租赁业务等。部分产权流转是为了规避部分风险，共同分享收益。本书对交易和流转做了界定，交易是产权的完全转移，流转是产权的部分转移。

1.3.2.2　研究内容

第1章为绪论，重点阐述本书选题的背景与意义，对本书后续各部分内容和创新之处进行简要介绍。在对国内外相关研究评价的基础上，确定本书的研究内容、研究方法和研究创新之处。

第2章为产权流转会计的基本问题，针对本书后几章需要用到的价值理论、产权理论、契约经济学理论、产权会计理论、财务会计概念框架理论、不确定性会计理论等，围绕产权流转进行分析和述评。会计计量是产权流转会计的核心，本章综述了各国会计准则委员会对公允价值的研究成果，评估运用公允价值计量产权流转价值的可行性。针对产权流转的不确定性程度，将其分为高度不确定性、中度不确定性和低度不确定性，根据产权流转不确定性程度的高低，构建产权流转会计的理论框架。

第3章为高度不确定性产权流转计量：以矿业权为例。矿业权包括矿产资源的勘探权和开采权。矿产资源的勘探和开采具有极大的不确定性，其最大的不确定性来源于储量的估计。当所有的矿产资源储量都已经从地层矿藏中开采出来以后，才能精确地得到矿产资源储量。取得矿业权时，仅能估计经济可采储量。由于矿产资源形成或聚积的特殊性，人们不可能确切地知道何时何地发现矿藏，即使在某地发现矿藏，也不能确切地知道矿产资源的赋存状态。但是随着勘探的深入和开采的进行，这种不确定性将会降低。因此，矿业权在勘探开采之前的流转具有极大的不确定性。随着生产和处理矿产资源技术的更新、政府法规的要求以及总体经济环境等因素的影响，生产开采矿产资源的成本存在不确定性。市场经济的发展可能导致矿产资源供应量、需求量的变化，供需矛盾引起资源价格的变动，未来价格的估计不一定精确。这种不确定性是几乎所有采掘行业矿产储量的特征。矿业权流转包括矿产资源权益的交换、转让、租赁、合作经营等方式，会计作为提供信息的工具，必然反映这些问题。矿产资源不同的产权安排会影响会计的计量与报告，因此必须理清矿产资源的产权关系，明晰了产权关系，矿业权流转才能顺利进行。如何计量和报告矿业权流转过程中的价值是本章研究的主要内容，本章从受让方和转让方的角度分别阐述矿业权流转的核算。

第 4 章为中度不确定性产权流转计量：以土地使用权为例。土地是承载万物的基础，土地为人类的生存和繁衍提供主要的物质基础和基本资源。在市场经济高速发展的今天，尤其是房地产市场的迅猛发展，土地产权的出售、转换、置换、抵押，投资入股等经济活动日益频繁。为促进土地使用权的顺畅流转，确保土地市场的健康发展，产权人需要获得与土地流转相关的价值信息，而价值信息需要运用会计工具予以计量与披露。本章拟从产权视角探讨土地流转过程中的价值计量问题，以期对我国土地流转相关政策的制定提供理论基础。

第 5 章为低度不确定性产权流转计量：以租赁业务为例，主要阐述租赁的产权内涵、租赁产权流转分析以及现行世界各国租赁会计的发展情况，以 4 家上市航空公司为例，阐述我国承租人和出租人的会计处理现状。以国际会计准则理事会和美国财务会计准则委员会对租赁会计的前沿研究动态为参考，提出我国租赁业务会计处理应与国际准则趋同，对目前的经营租赁和融资租赁不再分别处理，对承租人来讲，经营租入和融资租入都作为固定资产入账，分析资本化后的经营租赁对财务报表产生的影响。

第 6 章为不确定性产权流转的信息披露，主要阐述矿业权流转、土地使用权流转以及租赁资产使用权流转的信息披露问题。不确定性产权流转中最大的问题就是风险，本章将采取实证研究的方法分析高度不确定性产权流转、中度不确定性产权流转和低度不确定性产权流转在风险披露方面的异同，认为在高度不确定性程度下应披露更多的信息。

第7章为研究结论与展望，主要对全书主要观点、创新点进行了总结，并提出研究展望。

1.3.3 主要创新点

第一，从产权理论出发来研究会计制度，国内外早已有之，并且在国内形成了“产权会计学派”。但在我国特殊的公有产权制度下，以使用权流转为主的产权流转会计研究具有中国特色，在国内属首创。

第二，虽然IASB及各国会计组织对矿产资源、土地使用权及租赁资产使用权的会计处理有明确的规定，但这些准则研究多以历史成本为基础，没有考虑资源的价值，本书以公允价值为计量基础，研究产权流转价值的计量与信息披露。

第三，产权价值必须通过市场的交换、转让、租赁、抵押等方式实现，而这些流转必须签订契约来保证各方的权利与义务。因此，在产权流转会计中运用契约理论，突破了会计学就会计谈会计的局限，将会计理论与产权理论和契约理论密切联系在一起，加深了对产权理论，尤其是对产权实际运行条件的认识，弥补了产权经济理论研究的缺陷。同时，深化了产权会计理论的基本内涵，拓展了产权会计理论的分析视野。

第四，矿业权、土地使用权以及租赁资产使用权的流转过程具有不确定性，而其不确定性程度又不同，比如矿业权埋藏于地底下，其勘探开采的不确定性程度最大；中国土地产权市场逐渐形成，市场相对比较成熟，其流转的不确定性程度相比矿业权小些；租赁业务有充分成熟的市场，使用年限和现金流量比较稳定，易于估计，其产权流转较为稳定，风险更小。根据不确定性程度的高低来进行会计计量和信息披露是本书的重要创新点。

1.3.4 重点与难点

本书研究矿业权、土地使用权及租赁资产使用权流转的会计基本理论问题，重点是计量与信息披露。现行的会计准则以历史成本计量矿业权和土地使用权的流转，但历史成本不能反映矿产资源和土地的真正价值，只有公允价值才能反映。因此，本书的难点是运用期权模型估算矿业权、土地使用权的价值。现行各国以公允价值计量金融工具的价值，本书可将金融工具的计量理论用于矿业权、土地使用权和租赁业务。

1.3.5 研究范围

第一，土地使用权流转仅限于城市土地流转的研究，不涉及农地流转。本书所称城市土地，是指城市规划区（含城市市区）内的土地。

第二，研究产权流转会计理所当然应以中国的特殊产权制度为基础。我国土地和矿产资源归国家所有，这不同于别的国家矿产资源可以私有的规定。这种特殊的公有产权制度是我们研究产权流转价值计量与信息披露问题的首要前提。

2 产权流转会计的基本问题

2.1 产权流转会计相关的理论基础

任何一门学科的形成，除了本学科自身发展所具有的客观要求外，必然有一批比较完善的学科作为理论基础。在研究产权流转会计的过程中，就要寻找产权流转会计涉及的理论基础，分析哪些理论能够为产权流转会计服务，能够指导产权流转会计工作。研究产权流转会计的理论基础问题，就是要解决产权会计学科形成的理论支撑点，确定基本方向。所涉及的相关学科的内容对产权会计理论的形成会产生什么影响？可以产生多大的影响？可以起到什么作用？有哪些理论可以直接引入？有哪些理论可以间接使用？

产权流转会计是会计学领域的一个分支，主要研究产权流转过程中的价值计量与信息披露问题，反映和控制产权流转过程和结果，并以产权流转的良性循环、社会经济的可持续发展以及经济效益和生态效益的提高为前提。通过这个研究，能够为之后进行的矿业权、土地使用权流转及租赁产权流转会计基本框架模式的改进研究提供理论参考，保证这些研究都能够建立在科学的、正确的、完整的理论基础之上。产权流转会计的理论基础主要有价值理论、产权理论、契约经济学理论、产权会计理论、财务会计概念框架理论、不确定性会计理论等。

2.1.1 价值理论

会计对产权的核算是以价值形式来进行的，不能够价值化的产权就不能进入会计系统中，即使进入也不能够在会计核算中得到准确的计量与保护。对产权流转过程的价值计量与报告必须以价值理论为基础。价值理论包括劳动价值理论和效用价值理论。

2.1.1.1 劳动价值理论

17 世纪的威廉·配第是最早提出劳动价值说的经济学家，他认为商品价值的源泉是劳动，而劳动又离不开土地，因此认为劳动和土地都是创造商品价值的源泉。古典政治经济学家亚当·斯密精辟地论述了劳动价值理论。大卫·李嘉图发展了斯密的劳动价值理论。马克思在他们的基础上创立了科学的劳动价值理论。在商品价值决定和价值的计量问题上，马克思“以人为本”，首创了劳动二重性学说，指出具体劳动创造使用价值，抽象劳动形成商品的价值，价值量的大小由社会必要劳动时间决定。

2.1.1.2 效用价值理论

效用价值理论起源于人们对商品效用的主观评价，以人们评价商品效用的大小作为衡量价值的标准。17 世纪的英国经济学家 N. 巴本发展了以效用评价商品价值的思想，其思想精髓为商品之所以有价值，是因为商品有效用，没有效用的商品便没有价值。商品的效用在于满足人们肉体和精神上的欲望和需求。

效用价值论的早期代表是维塞尔[①]，他首创了“边际效用”一词。19 世纪 70 年代，英国的杰文思、奥地利的门格尔和法国的瓦尔斯提出比较完整的边际效用价值理论。

2.1.2 产权理论

从产权理论的发展历史上看，主要有马克思的产权理论和西方现代产权理论。马克思对产权的论述比较分散，没有形成系统的产权理论，但其对产权的研究是现代产权理论的科学基础。马克思运用辩证唯物主义和历史唯物主义，从生产关系范畴来研究产权，分析生产力与生产关系、经济基础与上层建筑之间的关系，旨在揭示财产权和所有权的本质。

西方现代产权理论的创始人科斯从财产权利结构范畴分析产权，从经济和法律两个视角阐述产权的本质内涵，并提出了为后人推崇的科斯定理。科斯定理把交易成本、社会成本、产权及相应的法律形式等纳入资源配置有效性考察之中，阐明产权制度与资源配置和经济效率的关系，认为合理的产权安排可使资源配置的帕累托效率达到最优。科斯的追随者们，包括威廉姆森、阿尔钦、德姆塞茨、诺斯、张五常等人对科斯的理论见仁见智，从不同的角度发展完善了产权理论体系。完整的产权理论包括交易费用理论、委托—代理理论、制度变迁理论等。

2.1.3 契约经济学理论

契约是商品生产和商品交换过程中，对交易各方权利、义务进行规制的一种制度装置，是人类社会发展到一定历史阶段

---

① 维塞尔（1851—1926），奥地利经济学家，他最先提出“边际效用”一词，说明价值是由“边际效用”决定的。按照维塞尔的解释，某一财物要具有价值，它必须既有效用，又有稀少性，效用和稀少性相结合是边际效用，从而是价值形成的必要和充分的条件。

的产物。契约经济学是近30年来现代经济学最前沿的研究方向之一，也是主流经济学最有前途的研究突破方向之一。契约经济学的重要代表人物有罗伯特·霍尔和约翰·穆尔。对契约的研究是产权研究的核心。[①] 产权的流转必须在市场上进行，因此也必须签订契约来规范各方的行为。产权流转是否公平公正、产权价值是否得到真正体现，必须通过会计程序来反映和监督契约的履行。

产权、契约与会计之间存在着一种天然的联系。契约在整个商品经济社会中的地位是举足轻重的，已成为整个社会经济流转的重要规范形式。在产权流转过程中，如果没有契约保障双方当事人的权利与义务，则容易引起利益冲突，利益关系的某一方可能采取有利于自己而损害他人的行动。只有签订了契约，才能减少利益冲突，产权流转才能真正体现平等、自由、对价、合意。契约的签订或执行需要获取真实可靠的会计信息。例如，在融资租赁决策中，出租人会事先了解承租人的财务状况、支付能力、盈利能力等，承租人也会充分了解出租人的财务信息。会计信息对契约的签订和执行有重要的促进作用，因此会计信息是契约的核心内容和关键所在。

2.1.4 产权会计理论

产权会计理论是会计界在借鉴产权经济学的新思想与新方法的基础上所取得的一项研究成果。会计与产权的相互影响是与生俱来的。产权的四项基本权能都与会计密切相关，它决定了产权会计的基本内容。产权的交易与流转引起的产权价值运动及其体现的产权经济关系就成了会计应该反映、监督、控制

---

① Y. 巴泽尔. 产权的经济分析 [M]. 费方域，段毅才，译. 上海：上海三联书店，上海人民出版社，1997：38.

和保护的对象。

产权会计的目标是为企业及有关利害关系人提供关于产权变动及产权交易活动的会计信息，并使会计信息的使用者利用这些信息进行相应的管理，为企业产权及其变动提供会计理论和实务上的支持，最终实现资源的最优组合，提高经济效益。产权会计的对象可以简单地概括为产权及其运动，具体来说是指企业产权及其运动过程中能够用货币计量的方面。产权会计研究包括静态研究和动态研究，产权流转会计属于产权的动态研究，即研究产权变动或产权交易过程中产生的财务会计问题，包括产权转让过程中的会计确认、计量及信息披露问题。

2.1.5 财务会计概念框架理论

产生于20世纪70、80年代的财务会计概念框架是会计中的“宪法”和“准理论”，内容涉及财务报告的目标、财务信息的质量特征、会计要素的划分以及会计要素的确认、计量、列报和披露原则等。财务会计概念框架可以评价现有会计准则，指导未来会计准则的制定，并在缺乏会计准则的领域内起到基本的规范作用。产权流转价值要在财务会计概念框架理论指导下进行计量与报告，就必须与财务会计概念框架一致。

美国是世界上第一个研究并制定财务会计概念框架的国家。FASB于1973年构建了以会计目标为起点的概念框架思路。从1978年到2000年2月，FASB共发布了7项财务会计概念公告：第1号“企业财务报告的目标”、第2号“会计信息的质量特征”、第3号“企业财务报表的要素”、第4号“非营利组织的财务报告目标”、第5号“企业财务报表的确认与计量”、第6号“财务报表的要素”（替代第3号，并修正第2号）、第7号“在会计计量中使用现金流量信息和现值”（补充、修正第5号中可计量部分）。由于第3号被后来的第6号替代，因此目前

FASB 存在的财务会计概念公告是 6 项。

IASB 于 2001 年发布概念框架“编制财务报表的框架”，由目标和基本概念组成。该框架中关于资产、负债的定义为会计处理和财务报表的列报设定了前提，即符合定义的项目不应该从资产负债表中省略，不符合定义的项目不应该在资产负债表中列示。

目前，其他国家也在研究财务会计概念框架，如英国的“财务报告原则公告”、加拿大的“年度报告的概念框架”、澳大利亚的“受管制财务报告的概念框架”、韩国的“财务报告概念框架”以及日本的“财务会计概念框架（讨论资料）”。

我国对财务会计概念框架的研究起步较晚，目前还没有真正意义上的财务会计概念框架。2006 年，财政部发布的《企业会计准则——基本准则》作为“准则的准则”的性质，已发挥了财务会计概念框架的部分功能，规范了会计信息质量要求、会计要素的确认与计量原则，为具体准则的制定提供了基本概念规范和指引方向，是调整企业会计行为的基本规范。但由于其缺乏理论深度，还没有完全起到评估和指导具体会计准则的作用。

美国、英国等国家的概念框架形成了一系列的理论体系，其他西方国家的概念框架都多少带有美国框架的影子。我们需要借鉴西方国家尤其是美国的概念框架理论，结合我国的国情，分析我国的会计环境，构建适合中国经济环境的财务会计概念框架。我国尚处于市场经济的初级阶段，资本市场不是很完善，需要国家运用行政监督手段干预企业的会计。因此，准则制定机构要取得财政部和证监会等政府机构的公开支持，积极组织各方面力量着手进行这一框架的研究和建立。考虑到中国的实际情况，葛家澍教授（2004）提出，我国财务会计概念框架建设应该分两步走：第一步先修改、充实现行基本准则；第二步，等到时机成熟，基本准则可以转化为更符合国际惯例的财务会计概念框架。目前我国已经完成了其中的第一步，即修订、完善基本准则，将概念框架的主要内容内化于基本准则之中，采用基本准则的形式来体现概念框架的实质。然而概念框架是一种具有指导作用的会计理论，只有实质与形式相统一的会计理论，才能更好地发挥概念框架的积极作用。因此，我国在取得阶段性的成果后，仍然需要加大会计基础理论研究力度，加强概念框架的宣传和舆论引导，加深公众对基本准则的理解，出台概念框架理论性权威文件。

2.1.6 不确定性会计理论

不确定性是指经济组织或个人不能事先知道未来交易或经济事项是成功还是失败，或可能知道成功或失败的结果，但成功或失败的概率是多少并不清楚。例如，一个公司投资一个项目，该项目能否成功的结果并不能事先知道，即使知道可能成功，但能给公司带来多少利润也不能肯定，这就是不确定性。一个公司在经营过程中，面临着各种各样的不确定性，包括生产的不确定性、市场的不确定性、盈亏的不确定性等。不确定性是客观世界的根本属性，任何经济系统都存在不确定性。不确定性概念长期以来一直是组织和战略管理理论中的核心部分。马奇和西蒙（March & Simon，1958）将不确定性定义为解释组织行为的关键变量。汤普森（Thompson，1967）认为组织的主要任务就是应对环境中突发事件的不确定性。

美国经济学家弗兰克·奈特（2011）系统地研究了风险、不确定性和利润的关系，严格区分了风险和不确定性，认为风险是可以度量的，而不确定性不具备可度量的特点。关于不确定性的定义，西格尔和西姆（Siegel & Shim，1995）在其会计术语词典中将不确定性定义为目的不明确。著名经济学家弗里德曼却否定风险—不确定性的两分法，采用个性化的主观概念来解释风险，认为风险不是什么客观描述，而是以个人的知识水平去主观评价，随着人们知识的不断积累，对风险的认识也会发生变化。对风险的定义，国内外学者亦有诸多不同的观点。海恩斯（Haynes，1985）是最早提出风险概念的学者，他认为风险是未来发生损失的可能性。威廉姆斯（Williams，1964）将主观因素引入风险分析，认为“虽然风险是客观的，但不确定性是主观的”。林斌对不确定性没有给出严格的定义，他认为不确定性就是一般意义上的不确定性，即事务的不可定性、不可靠性等。实际工作中，很难区分风险和不确定性。因此，本书对此不进行区分。

会计中的不确定性是指会计主体日常经营活动中交易或事项的不确定性。会计是对经济业务的反映，随着经济全球化和信息技术的发展，会计主体的经营业务越来越复杂，复杂性增加了会计处理的不确定性。如何减少经济发展中的不确定性是当今信息经济学的研究主题，信息不确定性的减少对人们的决策有非常重要的帮助，会计的作用就是为人们提供各种有用的信息，因此会计在不确定性的经济活动中起着重大的作用。

会计学者很早就开始研究经济环境的不确定性对会计的影响。约翰逊和金屈莱（1978）认为经济环境总是存在不确定性，而会计又是反映经济环境中的经济业务，只要存在不确定性，就会对会计计量和信息披露产生影响。现行的会计计量与披露理论主要是对经济环境中确定的或基本确定的交易或事项进行处理。随着科学技术的不断进步和生产力水平的提高以及市场经济的不断发展，经济环境中的不确定性日益增加，现行基于确定性的会计理论将受到冲击，不确定性会计应运而生。

会计中不确定性问题的研究，始于美国对衍生金融工具的研究。由于衍生金融工具存在着很大的不确定性，采用传统的历史成本计量使投资者做出了错误的决策，导致了很严重的金融危机。为了改变这种现状，美国财务会计准则委员会开始着手制定能反映企业经营不确定性的法规和准则。2006 年，财政部发布的《企业会计准则第 39 号——公允价值计量》为我国会计不确定性的研究发展提供了契机。我国理论界对会计不确定性的研究兴起于 20 世纪 90 年代，林斌（2000）将会计中的不确定性分为外生性不确定性和内生性不确定性两种。林斌（2008）又继续研究了不确定性会计的理论和方法，旨在改进企业的信息披露。雷光勇（2001）认为会计不确定性主要表现在会计客体的不确定性、会计主体的不确定性、会计准则的不确定性和会计计量方法的不确定性，并提出适度控制会计不确定性的方法。

会计的不确定性主要体现在会计对象的不确定性上。会计的核算对象就是企业的资金运动，现行会计主要针对过去的资金运动，即过去已经发生的交易或事项，采用确定性会计就能处理。正在进行或未来将要进行的资金运动，由于其最终结果具有较大不确定性和风险，需要广泛运用估计和判断的方法，采用不确定性会计对其进行处理。例如，矿业权流转往往存在着储量风险、开采风险等；土地流转存在着较大的法律风险、政治风险和市场风险；租赁业务存在着信用风险和市场风险等多种风险。这些产权流转主要面向未来，风险和不确定性较高，需采用不确定性会计进行计量和披露。

2.2 产权流转会计的基本问题

2.2.1 产权流转的不确定性分析

人们对客观事物的认识有限，决策者们没有先知先觉，不能事先准确地知道某种决策的结果，其预期结果往往与实际结果发生偏离，出现差异，产生不确定性和风险，产权流转亦是如此。会计主体花一大笔钱购得矿业权，该矿业权是否能带来未来经济利益是不确定的。房地产开发企业购得土地使用权是有风险的，未来房价的走向是上涨还是下跌是不明朗的。租入的固定资产是否能够给企业带来预期的收益也是不确定的。总之，任何主体承担的风险价值都是未知的。按产权流转业务不确定性对经济组织的影响程度，我们将产权流转分为高度不确定性产权流转、中度不确定性产权流转和低度不确定性产权流转三类。

2.2.1.1 高度不确定性产权流转分析

高度不确定性是指交易和事项在资产负债表日是否存在，对当期或未来各期财务报表是否产生影响以及影响的金额多大，存在高度不确定性。矿区权益分为探明矿区权益和未探明矿区权益。探明矿区是指根据现有的技术和经济条件发现探明经济可采储量的矿区。未探明矿区权益是指未发现探明经济可采储量的矿区。探明储量又分为探明已开发储量和探明未开发储量，探明矿区权益的不确定性相对较小。而对于未探明矿区权益，其可能是富矿，也可能是贫矿，存在高度的不确定性和风险，主要包括自然风险、市场风险、法律风险和政治风险等。

矿业权的自然风险包括勘查风险、储量风险、环境风险以及灾害风险等。矿业权的标的资产是埋藏于地底下的矿产资源，需要地质勘探人员用先进的仪器设备探测，并采用估计的方法确定资源的储量。在实际开采时，可能面临矿产地根本没有矿物，或属于贫矿。目前，探获一个有经济价值的矿床的概率很低，只有1%~2%，甚至更低。矿产资源的过度利用可能带来气候变化灾难风险，对煤炭、石油天然气这种高污染的矿产资源的开采已引起了全球气候的变化。美国海上油井爆炸造成石油泄漏和我国渤海漏油事件，严重损害海洋生态环境。矿业企业应承担开采产生的对环境破坏的风险，需要负担治理环境、恢复生态平衡的费用。同时可能面临矿难风险，如震惊全国的王家湾矿难事故，伤亡惨重。

矿业权流转面临着市场风险。矿产资源的价格和需求量具有明显的周期变化，矿产品市场价格的不确定性大，直接影响矿业权未来的现金流入量。我国尚未建立全国统一的矿业权信息平台，矿业权流转市场不完善、交易管理制度不健全、评估方法不科学、价格形成机制未理顺，矿产品市场价格的不确定性更大。

矿业权流转面临着法律风险。我国矿产资源属于国家所有。根据经济发展需要，我国制定了一系列有关矿产资源开发利用的法规、政策。从 1986 年颁布的《中华人民共和国矿产资源法》（以下简称《矿产资源法》）到 2007 年颁布的《中华人民共和国物权法》，我国矿业权经历了从无偿授予到有偿使用的演变过程，其中隐藏着不少法律风险，主要体现为法律规范的不完整、法律法规出现漏洞。例如，《矿产资源法》规定矿业权的转让只能采取合并、分立、合作经营等形式进行，此种规定笼统模糊，会增加矿业权流转的交易成本，一些转让可能会因法律规定的不健全而认定为无效。党的十八大提出“建设美丽中国”，引起广泛的关注，与之相应的环保法律法规也要进行修改完善。环保法律法规的任何变化，都会对矿业权投资产生重要影响，增加矿业权投资的成本，减少收益。例如，全球倡导的“低碳经济”对减排有新的要求，而我国现行的《矿产资源法》只规定了“开采矿产资源，必须遵守有关环境保护的法律规定，防止污染环境”。这样的规定过于笼统。一旦修改完善法律，增加减排的标准，就会增加企业的成本。我国政府适时出台新的矿产资源开采政策，获得探矿权、采矿权的产权人利益可能受损。

矿业权流转面临的政治风险。我国越来越多的采掘业公司到国外尤其是非洲开采矿产资源，东道国可能发生政权更替、领导人更换、社会动荡以及爆发战争等，因东道国的外资政策、法律政策和汇率政策等变化将影响矿业项目的正常勘探开采，严重者会导致合同中止，项目损毁，产生巨额经济损失。

2.2.1.2　中度不确定性产权流转分析

中度不确定性经济业务是指交易、事项或情况在资产负债表日已存在，对当期财务报表是否有影响尚不确定，即使可能有影响，其影响金额也需估计的经济业务。相比于矿业权而言，土地使用权流转的不确定性程度较小。但由于土地生态环境、社会环境和政治环境的不断变化，土地利用仍存在自然风险、市场风险和法律风险。

企业取得一块土地之后，因地块的地质条件、水文条件等可能引发地震、气象灾害和洪涝灾害，土地存在着自然属性风险。我国城镇建设用地和农村集体土地的管理模式，造成城乡土地分割，使土地流转不畅、土地流转市场不成熟、流转机制不完善，难以形成科学合理的土地流转价格，土地流转的市场风险大。对土地的不当利用和过度开发，可能影响和破坏生态环境。土地使用权转让和拆迁、安置和补偿工作涉及的法律关系复杂，法律风险较大。

2.2.1.3　低度不确定性产权流转分析

低度不确定性经济业务是指交易、事项或情况在资产负债表日业已发生或存在，对当期财务报表已产生影响，但因其影响的金额不确定而需要加以估计的经济业务。租赁业务有充分成熟的市场，使用年限和现金流量比较稳定，易于估计，其产权流转风险相比于矿业权和土地使用权更小，属于低度不确定性。

租赁资产的风险包括经营风险、市场风险、法律风险等。租赁资产使用期限长、金额较大、专业化程度高、流动性差，当承租人由于经营不善，无力支付租金而违约时，出租人即使收回租赁资产也难保短期内将其出租，造成资产闲置，给出租人造成损失。随着科学技术的不断进步和生产方式的改变，租赁设备经济寿命可能缩短，使租赁双方预期的经济利益受损、盈利水平下降。国家经济结构或产业结构的调整、国家对外政策或汇率水平的变化、国家对租赁行业管理的政策及相关法律制度的变化，可能导致出租人或承租人面临政策或法律以及税收等多方面的风险。租赁业务还可能面临政治风险，如对租赁设备实行限制；对租赁设备进行征用、抵押和没收。

2.2.2 不确定性产权流转会计的理论框架

2.2.2.1 不确定性产权流转会计的目标

财务会计作为人造的经济信息系统，显然要求其达到预期的目标。经济信息系统的运行必须要有一个明确的财务报告目标，因此会计的目的就是提供财务信息。企业的管理者、投资者、债权人、供应商、客户、职工、政府及其机构等都会根据各自的需要使用财务信息，一个科学正确的决策是90%的信息加上10%的判断。为了满足这些信息需要，传统的财务会计提出了两种主流的观点：受托责任观和决策有用观。受托责任观基于委托—代理关系，委托人与代理人之间的信息均衡是达到帕累托最优或使社会资源配置达到次优状态的前提条件。决策有用观是站在信息使用者的角度，提供相关和可靠的信息，帮助信息使用者做出投资决策和风险管理。

各国财务会计概念框架对目标的规定不一致，有的倾向于受托责任观，有的倾向于决策有用观，随着经济的发展，决策有用观越来越成为主流观点，如美国倾向于决策有用观；IASB、加拿大等将决策有用作为主要目标，将受托责任作为次要目标。IASB/FASB 概念框架联合项目修订了趋同后的财务报告目标，重点关注外部使用者的信息需求，受托责任不能作为主体财务报告的单一目标。财务报告信息不仅要提供评价管理当局受托责任的信息，还要提供决策有用的信息。我国《企业会计准则——基本准则》规定了财务会计的目标既要满足决策有用观，又要兼顾受托责任观。由此可见，我国会计准则制定机构已经将会计信息的相关性提高到战略高度，会计目标开始转向为信息使用者提供有用信息。

产权流转会计的目标除了具有财务会计基本目标之外，还要有自己的特色目标，因为产权流转是市场经济条件下新兴的事物，尤其在我国特殊的公有制产权下，产权流转更具特殊性。会计运用自身的专业技术把产权流转的价值计量出来，这个过程也是界定产权的过程，认定经营者的受托责任。但是现在一些上市公司（如上市房地产企业、中石油、中石化等）产权流转比较频繁，它们需要对社会公众公布财务信息，产权流转会计还要兼顾决策有用观。因此，产权流转会计的目标是为企业及其利益相关者提供关于产权交易及产权流转的会计信息，并使会计信息的使用者利用这些信息进行相应的投资决策管理，最终实现资源的合理配置。

2.2.2.2 不确定性产权流转会计的信息质量特征

现行财务会计概念框架都规定了会计信息的质量特征。FASB 在第 2 号概念公告中对会计信息的质量划分了清晰的层次结构，其主要质量特征有相关性与可靠性，次要质量特征有可比性与中立性。IASB 概念框架指出，财务报表的主要质量特征包括可理解性、相关性、可靠性和可比性；其他质量特征包括重要性、如实反映、实质重于形式、中立性、审慎性、完整性等，并将及时性作为相关和可靠信息的制约因素加以考虑。我国《企业会计准则——基本准则》规定了会计信息质量要求的8个特征：真实性、相关性、明晰性、可比性、实质重于形式、重要性、谨慎性、及时性。综上所述，各方都把相关性和可靠性作为主要信息质量特征。

总体来说，现行财务会计概念框架中规定的信息质量特征基本适用于不确定性会计，尤其是相关性和可靠性原则。单一的历史成本计量属性不适用于不确定性的产权流转业务，因为历史成本计量属性更侧重于可靠性信息的披露。不确定性的产权流转业务面向未来，除了发生小量的历史成本外，大量的价值有待于将未来现金流量折现为现值，以公允价值在资产负债表内确认，只有采用历史成本和公允价值混合计量，在报表附注中进行充分披露和说明，才能提供相关的会计信息。因此，对不确定性产权流转业务，既要考虑可靠性，又要考虑相关性。同时，产权流转会计还需满足真实性、可比性、实质重于形式、重要性和及时性原则。

2.2.2.3　不确定性产权流转会计对象及会计要素

产权流转会计是对产权价值运动过程和结果进行记录、计量与报告，使其合理地反映标的资产的真实价值并维护权利主体的经济利益。传统的会计核算对象是企业、事业单位及其他组织发生的以货币计量的交易或事项。这些交易或事项分为6个基本要素，即资产、负债、所有者权益、收入、费用和利润。从产权视角来研究产权流转会计，不能简单地将其核算对象和要素概括为6个要素。产权流转是权利和价值的转移，是市场经济中的资源产权流转及其价值运动的过程、产权流转的结果、产权流转所体现的经济关系以及资源的配置效率等，比较符合现行财务会计概念框架中对资产的定义，即将资产视为未来的经济资源，会导致经济利益的流入。产权流转引起的产权价值运动及其体现的产权经济关系就成了会计应该反映、监督、控制和保护的对象。

本书以矿业权、土地使用权和租赁业务为代表来探讨部分产权流转会计的基本问题。现有的石油天然气会计准则、土地会计规定以及租赁业务会计在会计要素的处理上不尽一致，可以说是五花八门，但从产权角度考虑，它们都是部分产权流转，即使用权的流转，因此我们需要以不确定性会计概念框架为基础，统一产权流转的会计要素。

第一，矿业权。矿业权是指国土资源管理部门依法赋予矿业权人对矿产资源进行勘查、开发和开采等一系列活动的权利，是从矿产资源所有权中派生出来的一种权利，包括探矿权和采矿权。探矿权是指在依法取得的勘查许可证规定的范围内，勘查矿产资源的权利。采矿权是指具有相应资质条件的法人、公民或其他组织在法律允许的范围内，对国家所有的矿产资源享有的占有、开采和收益的一种特别法上的物权。

矿业权在市场经济条件下可有限制地转让、抵押、出租和承包，这些方式就是矿业权的流转。矿业权流转的经济主体是矿山企业和地质勘探队及政府，矿业权流转的客体是探矿权与采矿权，矿业权流转的媒介应是矿业权市场。

第二，土地使用权。土地使用权是指土地所有权人以外的土地使用者享有的占有、使用、收益和依法处分的权利。我国土地所有权归国家所有或集体所有，从土地所有权派生出来的土地使用权可以出让、租赁、划拨，也允许在二级市场的流转。本书所指土地流转，仅限于城市土地流转，目前城市土地流转最频繁的就是房地产企业。

第三，租赁资产。租赁作为融资的一种手段越来越受到欢迎。在租赁业务中，出租人将其拥有的标的资产交付承租人使用，承租人按约定支付一定的租金给出租人。双方需签订租赁合同，明确各自的权利和义务，租赁合同中的标的资产即为租赁资产。

2.2.2.4 不确定性产权流转会计的确认

确认是将经济业务和事项正式地记录和整合到财务报表中的过程，以会计要素的形式反映在资产负债表中。现行各国财务会计概念框架中对资产或负债要素的确认，更多地强调过去的交易或事项；不确定性会计是面向现在和未来，其核算对象是未来的资金运动。因此，需要对现行会计要素的定义进行修改，考虑未来时间和金额不确定性的特点。将不确定性经济业务在表内确认，需要考虑不确定性经济业务未来的经济利益和风险是否发生转移。当未来的经济利益很可能流入企业时，且风险已经转移，相关的金额能够可靠计量，或未来经济利益的流入量能折算为现值计量，则可在资产负债表或利润表中予以确认。

产权流转业务的确认主要涉及产权流转资产的界定。完全产权交易的确认比较简单，不存在争议。部分产权交易风险较大、不确定性程度高，产权流转是否应在财务报表内予以确认？如果是，应在何时、以何种标准确认，确认为什么资产？产权作为一项特殊的资产，首先要判断其是否符合资产的确认标准。IASB、FASB 和我国都对资产下了定义，虽然表述上有差异，但实质内涵是一致的，判断的重要标准就是能否给企业带来经济利益。将产权流转等不确定性较大的经济业务，从表外披露转到表内确认是关键。确认时要看事项或交易是否符合会计要素的定义。资产的确认应满足三个条件：第一，主体可控制的经济资源，主体有权限制其他主体使用该资源；第二，预计有正的经济利益流入；第三，目前已存在的。企业取得一项产权如果满足这些条件，就应确认为资产，究竟确认为什么资产，相关科目如何设置，这要根据产权的标的资产来决定。矿业权流转中，受让方应将取得的矿业权作为“无形资产”入账；土地使用权流转中，受让方将取得的土地使用权作为“土地使用权”入账；租赁资产直接计入“固定资产”入账。

2.2.2.5 不确定性产权流转会计的计量

在对不确定性经济业务进行会计处理时遇到的最大难题就是计量。不确定性会计跟确定性会计一样，需要向投资者和债权人等利益相关者提供与投资决策相关的信息。但不确定性会计大多是面向未来的资金运动，没有过去客观发生的金额或发生的金额很少，这时就不能简单地采用历史成本计量模式，历史成本计量无法反映资产或负债市场价值的变化情况。因此，对不确定性事项的计量更多地选用公允价值作为计量属性。历史成本立足过去，而公允价值面向未来，反映未来经济利益，更接近于资产和负债的经济学含义。采用公允价值计量可化解收入的不确定性，更真实地提供相关的会计信息，帮助投资者和债权人以及其他利益相关者做出决策。公允价值描述了产权未来现金流量的贴现净值以及风险和其他各种影响因素，更贴近于产权的真实价值，更符合"决策有用观"的现代会计目标。同时，公允价值计量对可靠性损害较小。产权流转在本质上是一种权利合约，代表产权价值的运动，其内在价值会随标的资产价格的变化而变化。存在活跃市场时，产权的公允价值信息可以取得，因此公允价值对会计信息的可靠性损害有限。采用公允价值有利于企业的资本保全和风险管理。公允价值与市场有高度的联动性，公允价值的变化信息成了客观评价企业管理当局对现有经济资源保值、增值情况的指标。

FASB 和 IASB 对公允价值进行了系统的研究。FASB 于 2006 年发布了"公允价值计量"准则（SFAS No.157），这是全球首次就公允价值发布单独的准则，对公允价值的定义、公允价值的确认方法、公允价值计量和披露进行了规范。随后，IASB 和澳大利亚会计准则委员会（AASB）以及英国会计准则委员会（ASB）都开展了对"公允价值计量"准则的讨论。IASB 于 2009 年发布了公允价值的讨论稿。我国于 2006 年发布的《企业会计准则》中虽然没有单独的公允价值准则，但在一些具体准则中有涉及。FASB、IASB 和我国都对公允价值下了定义，虽然各国对公允价值定义的表述不完全一致，但实质是相同的。理解公允价值的概念可从以下几方面入手：首先，强调“公平交易”是取得公允价值的必要条件；其次，强调自愿原则，不存在欺诈，公允价值建立在双方自愿交易的基础上，如果在公司清算或破产时，公司的财产转让可能有强迫交易，这种价格就不是公允价值；再次，强调交易是在完全竞争市场进行，双方都非常熟悉情况，对标的资产有充分了解，双方信息不对称程度很小，这种情况下的交易价格是公允价值；最后，强调考虑价格估计，一些新的商品和产权没有同类市场价格或类似价格参考，就要运用现值技术估算，如会计主体取得一项矿业权，矿区所埋藏矿物的价值就只能运用估计的方法，这种估计的价格是相对公允价值。

产权流转的计量是整个产权流转会计的核心。产权究竟以历史成本还是公允价值计量，关系到财务报告信息的可靠性和相关性问题。产权流转导致的未来经济利益的流入和流出不适合以传统的历史成本计量，且产权流转总是与产权市场息息相关，其价值往往随市场行情的波动而不断变动。为了使财务报告信息更具决策相关性，产权流转会计以公允价值作为主要计量属性。计量分为初次计量和后续计量。取得产权时，应以支付的对价或收到的款项或其他资产进行计量。这时的入账成本称为历史成本，而这种历史成本是以双方协商的对价为准的，其实就是双方认可的公允价值。在后续持有产权过程中，应根据产权是否存在活跃市场区分情况处理。如果存在活跃市场，有市场标价时，应以公允价值（市场标价）记录产权价值的变动；如果不存在活跃市场时，以历史成本计量，但每期期末应对产权价值进行减值测试。

第一，高度不确定性产权流转的计量。高度不确定性的矿业权的标的资产是埋藏于地底下的矿产资源，需要地质勘探人员用先进的仪器设备探测，并采用估计的方式确定资源的储量。因此，取得的矿区权益包括探明矿区权益和未探明矿区权益，探明储量又分为探明已开发储量和探明未开发储量，探明矿区权益的不确定性相对较小。对于未探明矿区权益，可能是富矿，也可能是贫矿，存在高度的不确定性和风险。矿区资源的开采耗时比较长，有的甚至长达几十年，时间跨度上主要属于未来的事项，对当期和未来财务报表的影响都不确定，具体的影响金额更难以估计。矿产资源的开采过程伴随着自然风险、市场风险、法律风险和政治风险等。

对存在高度不确定性的矿业权流转，建议采用公允价值进行计量，并从受让方和转让方两方对矿业权流转进行研究。

第二，中度不确定性产权流转的计量。中度不确定性的经济业务的交易在资产负债表日已经发生或存在，但对当期或未来财务报表的影响并不确定，具体的影响金额需要估计。由于已经取得土地使用权，所以对土地的使用介于现在和未来之间。土地使用过程中存在着自然风险、市场风险和法律风险，风险相对较小。

企业、法人组织或个人取得土地使用权时，根据取得土地的公允价值作为初始入账价值，如果将受让的土地用于建造自用房屋建筑物，则在会计期末时根据市场价值进行减值测试；如果将取得的土地用于投资性目的，则后续计量根据市场公允价值进行调整。

第三，低度不确定性产权流转的计量。低度不确定性经济业务是在资产负债表日已经发生或存在，基本上属于过去的业务，对当期财务报表已产生影响，但因其影响的金额不确定而需要加以估计的经济业务。因为有些业务时间跨度比较长，其对未来财务报表的影响并不确定，所以存在经营风险、市场风险、法律风险等。取得这类经济业务时，以资产的公允价值入账，并对资产进行折旧或摊销。如果资产发生严重减值，还应计提减值准备，即采用历史成本与公允价值相结合的计量属性。

因此，本书按照产权流转风险的不确定性大小来阐述，如表2.1所示：

表2.1　产权流转的不确定性与计量属性的选择

项目	高度不确定性产权流转：矿业权流转	中度不确定性产权流转：土地使用权流转	低度不确定性产权流转：租赁业务
1. 时间跨度	基本上属于未来	介于过去与未来之间	基本上属于过去
2. 事实或状况	不确定	已存在（但具有不确定性）	已发生或存在
3. 对当期财务报表的影响	不确定	不确定	已产生影响
4. 对未来财务报表的影响	不确定	不确定	不确定
5. 最终结果	高度不确定	不确定	基本确定
6. 影响金额	难以估计	不确定	易于估计
7. 风险程度	风险很大	风险适中	风险较小
8. 风险因素	自然风险、市场风险、法律风险和政治风险	自然风险、市场风险和法律风险	经营风险、市场风险和法律风险
9. 计量属性	公允价值与历史成本混合计量，对矿产储量以公允价值计量，对勘探开采投入以历史成本计量	公允价值与历史成本混合计量，历史成本为主	现值计量

2.2.2.6 不确定性产权流转的信息列报与披露

会计确认、计量的目标是编制财务报告。财务报告是会计信息披露的主要形式，即使会计确认与计量非常完整，没有瑕疵，但如果信息列报的数量太少，描述方式太拙劣，则财务报告依然无法有效发挥其功效。目前，各国财务会计概念框架对信息的陈述和披露都有所涉及，如国际会计准则第1号“财务报表的列报”（IAS No.1）中对会计信息的披露规定了总体要求，即“公允列报和遵从国际会计准则”。公允列报的具体要求有：第一，企业管理层应选择和运用企业的会计政策，使其财务报表遵从每项适用的国际会计准则和常设解释委员会解释公告的所有要求（第20条）；第二，按提供相关、可靠、可比和可理解的信息方式列报信息，包括会计政策；第三，当国际会计准则的要求不足以让使用者理解特定交易或事项对企业财务状况和财务业绩的影响时，增加披露的内容。我国于2006年发布，又于2014年修订的《企业会计准则第30号——财务报表列报》第一次对我国会计信息的披露实施专门的规范，其中第二章对我国企业财务报表的列报提出了基本要求。同国际会计准则的公允列报要求一样，我国《企业会计准则》也要求企业在会计政策选择时要执行我国基本会计准则和各项具体会计准则的相关规定。这些信息披露的规范和要求不尽完善，导致信息的利益相关者无所适从。报表编制者和信息披露者不能确定哪些信息应予以披露、应以什么方式列示，这时他们就会有选择地披露信息，导致有用的信息披露不充分，无用的信息又披露太多，致使信息冗余、重复和不透明。

现行各国企业准则制定委员会应制定合理的信息披露概念框架，尤其是针对不确定性信息的披露。概念框架应有助于改进信息披露质量，评价各种信息披露备选方案的优缺点，帮助制定者确定信息陈述和披露要求，指导编制者如何披露不确定性信息。2008 年 10 月 16 日，FASB/IASB 联合发布了《财务报表列报的初步观点（讨论稿）》，对财务报表的列报形式和内容进行了改革。目前，FASB 和 IASB 仍在致力于研究信息列报与披露的概念框架。披露概念框架应包括如下要素：信息披露的内容（包括哪些信息需要披露和哪些信息不需要披露）、信息披露的位置、信息披露的质量特征、信息披露的陈述（可理解性）。

第一，不确定性产权流转信息的利益相关者。

一是披露方与不确定性产权流转信息的列报与披露。管理层披露一些不确定性信息需要承担一定的风险。例如，管理层披露预测信息时，一旦实际信息与预测信息存在较大差异时，管理层声誉会受损，管理层也可能因此引发诉讼纠纷。管理层披露不确定性信息的一个重要原因是满足监管层对披露的要求。各国不同程度地对不确定性信息的强制披露要求，构成了管理层披露不确定性信息的一个重要原因。管理层也会自愿披露一些不确定性信息。在披露过程中，管理层通常会进行一定的选择，或是进行披露管理。管理层并不会完全披露其所拥有的信息，而是有选择地披露有利于其自身的信息。由于信息的不可验证性，管理层也可能故意披露一些错误的信息。管理层之所以披露一些不确定性信息，是因为这些不确定性信息的披露将会有利于管理层或企业。

产权流转中，受让方在取得产权时，通常不会盲目购买，因为成本的原因也不会对所有产权进行一番比较。对于风险规避的投资者而言，如果在购买产权前能充分了解产权的相关信息，这将减少其决策面临的风险，进而降低成本。反之，如果投资者不知道相关信息，质优的产权流转就不能顺利地以高价成交。如果投资者仅依靠财务报告获取有限的信息，财务报告中以历史成本为基础的有限的信息显然不足以帮助投资者更好地预测企业未来的现金流量。当信息不对称达到一定程度时，投资者就不会再对企业经营业绩感兴趣，反而会去追求投机所得。

管理层披露不确定性信息通常可能会给企业带来若干额外的成本。例如，信息披露可能会影响企业的竞争对手的决策，这可能给企业带来额外的成本。又如，信息披露可能会引起监管层若干监管措施，这也可能给企业带来额外的成本。由于披露成本的存在，在一定程度上限制了信息披露。有时投资者也可能并不了解企业管理层是否拥有信息，这时管理层隐瞒一些坏消息就是理性选择。有时管理层可能出于个人利益考虑，会有选择地披露信息。当企业管理层有权决定信息披露或不披露时，他们往往是有选择地披露信息。拥有好消息的公司，通常会提前公布好消息，而拥有坏消息的公司通常会推迟公布坏消息。但具体在披露时也会考虑其他因素，如拥有好消息的公司，如果管理层披露盈利预测会导致竞争对手的进入，使得其利润下降，那么管理层也可能不会披露盈利预测信息。

管理层有义务及时披露相关信息，如果管理层对相关的信息藏而不报，投资者的反应就是“最坏的信息”，投资者会予以诉讼反击。因此，一般情况下，管理层会主动披露有关信息。管理层在披露信息时，会考虑披露成本以及不确定性信息披露之后对公司收益的影响。

二是使用者与不确定性产权流转信息的列报与披露。美国财务会计准则委员会在“会计信息的质量特征”（SFAC No.2）中指出：有用的会计信息必须具备可靠性和相关性两个特征；相关性和可靠性是会计信息对决策有用的两个主要质量特征。在符合效益大于成本及重要性这两个约束条件下，相关性和可靠性的提高，才使信息符合需要，从而对决策有用。国际会计准则理事会公布的“编制和呈报财务报表的结构”指出：使财务报表提供的信息对使用者有用的质量特征包括可理解性、相关性、可靠性和可比性。由此可见，决策有用性是对会计信息的基本质量要求，有用的会计信息应当同时具备相关性和可靠性。如果信息具备很高的相关性，则信息能够很好地反映企业的经营业绩，那么投资者决策时就应更多地考虑这些相关的信息。如果信息具有很低的相关性，或者具有很多不确定性，那么投资者在投资决策时应当较少地考虑这些信息。如果信息根本不可靠，那么投资者也就不会相信它。如果不确定性信息能够更为有效地反映企业经营业绩情况，或者这些信息虽然不能够更为有效地反映企业业绩情况，但这些信息比现有的信息更为精确，则这些信息就会对投资者产生影响。

不确定性信息的使用者主要是投资者，投资者可以根据历史的相对可靠的信息来预测投资的期望收益。例如，投资者可以根据当期企业盈利来预计未来的企业盈利状况，并依据未来的企业盈利状况预测出企业未来的现金流。投资者也可根据一些不确定性的信息来预测投资的期望收益。在现代企业中，通常管理层处于信息优势方，而投资者往往处于信息劣势方。因此，管理层通常更为了解企业实际经营状况。

如果一些不确定性信息的披露能够减少企业盈利的不确定性，或帮助投资者推断出企业资产的价值，那么这些不确定性信息对投资者而言就是有用的。产权流转的受让方和转让方之间签订契约，受让方在签订契约之前，可以先查看转让方公司的财务报表，了解转让方对不确定性信息的披露状况。如果信息披露完整可靠，对投资者决策影响较大；如果只是简单披露或不披露，投资者获得的不确定性信息很少，信息不充分也不可靠，则会影响投资者的决策。

三是监管方与不确定性产权流转信息的列报与披露。单单依靠企业自愿披露不确定性信息常常会导致信息不充分和不可靠，因此各国证券管理委员会都不同程度地提出信息披露监管要求。只要不确定性信息对信息使用者是有用的，有助于投资者、债权人以及其他信息使用者的决策，那么就应当要求企业管理层披露这些信息。

因此，对于监管者来说，其制定披露规则的管制过程应尽可能减少不确定性。对信息披露进行管制是市场的基本游戏规则，需要确定信息披露的基本准则、会计假设、会计目标、会计基本原则、会计要素等基本概念。同时，要强制地要求企业披露某些信息。监管者应当强制要求企业管理层披露一些不确定性信息，因为这些不确定性信息有助于投资者、债权人以及其他信息使用者的决策。但信息披露管制不是越多越好，这是因为监管层制定披露规则必然需要投入大量成本，制定披露规则的过程可能是多个利益集团博弈的结果，过多的披露要求也会给企业增加大量的成本。此外，如果监管层强制要求企业披露一些企业本来自愿披露的信息，也会造成资源的浪费。

根据决策有用观的思想，一些信息即使具有某些不确定性，只要其对投资者、债权人以及其他信息使用者是有用的，有助于投资者、债权人以及其他信息使用者的决策，那么就应当要求企业管理层披露这些信息。但管理层会出于自身利益的考虑，有选择地披露这些信息。一旦这些信息不准确，管理层可能会遭到处罚，此时就产生了对管制的要求。如果投资者是风险中性的，那么最优的强制披露规则是不要求企业披露任何信息。

第二，不确定性产权流转信息的列报与披露。

采用多种信息披露方式对不确定性经济业务进行披露已是大势所趋。不确定性经济事项由于其计量上的困难，不可能全部进入报表内反映，对于不能计量的经济业务，需要在报表附注、补充报表以及其他形式的报告中进行披露相关交易信息，即使在报表内计量的经济业务，有时也需要在附注中做补充说明。

信息披露对产权流转而言非常重要。产权流转具有不确定性，而人们为了对充满不确定性的产权流转进行决策时，需要使用信息。因此，充分、透明的信息披露能够帮助产权流转的受让方和转让方获得更多的信息，降低流转的失败概率和成本，促进产权流转市场的发展。例如，紫金矿业公司有一笔资金拟购买矿业权，假定有西部矿业公司和西宁特钢公司的两个矿业权转让，但紫金矿业公司只能购买其中一个矿业权。如果紫金矿业公司对西部矿业公司的矿业权非常了解，获取了相对比较多的信息，而对西宁特钢公司的矿业权不甚了解，也没法获得足够的信息，这时紫金矿业公司就会选择购买西部矿业公司的矿业权。

一是不确定性产权流转信息披露位置。披露是指在财务报表附注、补充报表或其他形式的报告中，揭示某些数字或某部分信息。披露是在财务报表扩展为财务报告之后才兴起的一个重要的会计程序和概念。信息披露在满足投资者信息需求中扮演着日益重要的角色。会计信息可以通过多种披露工具传递给投资者，最基本的披露工具是财务报表，与财务报表最为密切相关的是财务报表附注。财务报表提供的信息是对经济业务和事项的再确认过程，属于会计信息的列报，与财务报表附注中的信息披露不同。财务报表附注中披露的信息是对财务报表的数据进行分析和解释，扩展了信息的含量。除财务报表附注之外，会计信息还可以在补充信息、管理层讨论与分析、董事会报告、监事会报告以及公司新闻等上面披露。

二是不确定性产权流转信息披露规范。产权流转会计的信息质量特征要服从于会计目标。产权流转会计目标既要考虑经营者也要考虑投资者，因此既要满足受托责任观，又要符合决策有用观。随着市场经济的发展，产权流转越来越频繁，管理者和投资者都希望有真实公允的产权价值信息。财务会计两大基本信息质量特征是可靠性和相关性，在受托责任观下，管理者和投资者希望产权流转价值信息更可靠；在决策有用观下，管理者和投资者希望产权流转价值信息更相关，便于投资者做出正确的决策。几乎所有的信息使用者都要做出经济决策，如他们决定何时进行投资、投资多少、投资的回报有多少等，这就要求提供的信息具有相关性。

目前的会计报表是以反映过去的、确定的交易或事项为主要内容的，在揭示会计信息方面具有很多局限性，特别是在产权流转业务中，传统的会计报表体系已无法适应报表使用者的需要。因为传统会计报表主要是对企业过去的业绩和财务状况提供了真实而公正的描述，但是对产权流转这种未来不确定性程度很高的业务，除了运用公允价值计量之外，还应予以披露，信息披露对于产权流转的重要性不言而喻。我国产权流转市场自20世纪90年代成立以来，经过不断地摸索和实践，规模逐步扩大。随着产权市场的快速发展，参与主体越来越多，市场也越来越活跃。产权流转各方需要获取足够的信息以防范风险，市场也需要信息来规范交易流程、加强监督管理，因而加强对产权流转的信息披露是非常有必要的。如果产权流转信息得到充分披露，产权人就可在公平、公开、公正的基础上形成价格竞争，杜绝暗箱操作，防止国有资产流失。产权流转中的现在和潜在投资者、债权人以及其他信息使用者需要一些不确定性的信息进行事前的推断和预期，获取的信息越多，不确定性程度就越低，风险也就越小。人们为了降低产权流转的风险，尽可能获取更多的会计信息。土地使用权流转在我国发展比较成熟，会计上已把土地使用权作为无形资产入账，初始计量时采用历史成本核算，后续持有过程中，对土地使用权进行摊销，并在期末进行减值测试。矿业权所依托的矿产资源是埋藏于地底下的储量资源，储量资源的价值带有不确定性，储量资源该不该作为资产列示，尚存在争议。IASB 提出采掘活动的披露目标，即财务报告使用者通过财务信息可评价主体拥有的矿产和石油天然气资产的价值、这些资产对当期财务业绩的贡献、与这些资产相关的不确定性和风险的性质及程度。

三是风险和不确定性信息的披露。产权流转面临的风险和不确定性非常广泛，包括经营风险、市场风险、财务风险、信用风险、政策风险、环境风险、自然风险、信息技术风险以及募集资金投向风险等，投资者越来越重视公司的风险和不确定性信息。尽管投资者可以从多种渠道获得企业面临的风险和不确定性信息，但公司管理层提供的信息是最有用的，是风险和不确定性信息的最佳来源。因为公司管理层直接参与公司的经营管理，是公司财务报告的编制者和提供者。公司面临的环境到处充满了风险和不确定性，面对如此众多的风险和不确定性，如何将其传递给投资者是管理层要面临的主要问题。因此，管理层一般不会积极主动地披露风险和不确定性信息。

虽然不确定性信息会给风险规避的理性投资者带来负效用，但是根据决策有用观的思想，一组信息即使具有某些不确定性，只要其对投资者、债权人以及其他信息使用者是有用的，有助于投资者、债权人以及其他信息使用者的决策，那么就应当要求公司管理层披露这些信息。投资者在做出科学的决策前，需要了解公司面临哪些类别的风险以及这些风险的程度如何，除了定性描述以外，最好进行风险定量披露。同时，应披露公司采取的风险对策和措施。目前的风险披露规范只涉及市场风险和与衍生金融工具有关的风险。对于不确定性的产权流转，除了披露市场风险和衍生金融工具风险之外，还应披露政策风险、财务风险、经营风险、管理风险、自然风险、环境风险、信用风险以及信息技术风险等，更重要的是要披露公司应对风险的策略。根据不确定性程度不同，高度不确定性产权流转、中度不确定性产权流转和低度不确定性产权流转在风险和不确定性信息披露上应有所区别。

2.3 本章小结

本章构建基于不确定性的产权流转会计概念框架体系，基本内容如下：

首先，分析产权流转过程中的不确定性和风险。不确定性和风险虽有区别，但在实际工作中很难区分，因此本书不区分不确定性和风险。按产权流转业务不确定性对经济组织的影响程度，我们将产权流转分为高度不确定性产权流转、中度不确定性产权流转和低度不确定性产权流转三类。

其次，分析与产权流转会计相关的理论基础。产权的界定、变更以及产权结构的安排是产权经济学研究的重点，产权流转必须以产权理论为基础。在产权流转过程中，如果没有契约保障双方当事人的权利与义务，则容易引起利益冲突，利益关系的某一方可能采取利己而损害他人的行动，只有签订了契约，才能减少利益冲突，产权流转才能真正体现平等、自由、对价、合意。对产权流转过程的价值计量与报告必须以价值理论为基础，价值理论包括劳动价值论和效用价值论。

最后，构建基于不确定性的产权流转会计框架体系，包括产权流转会计对象及会计要素的确定，产权流转的确认、计量与信息列报和披露，特别提出产权流转会计应以公允价值作为主要计量属性。

3 高度不确定性产权流转计量：以矿业权为例

3.1 矿业权的界定及矿业权流转制度的演进

矿产资源是人类赖以生存的重要资源，是国民经济的基础性产业之一。全球各国经济的发展都需要使用和消耗大量矿产资源，尤其是我国作为一个发展中国家，在科技相对落后的情况下，资源型产品成为国民经济发展的支柱之一，矿业权流转成为影响矿产资源利用的重要因素。

3.1.1 矿业权的界定

矿业权是我国法律赋予企业法人、自然人等经济主体于一定期限内在规定的矿区内勘查和开采矿产资源的权利。经济主体勘查矿产资源的权利称为探矿权，开采矿产资源的权利称为采矿权。我国矿产资源所有权归国家所有，从所有权中派生出了探矿权和采矿权。在我国，国家对矿产资源拥有完全支配权，是所有权唯一的主体，而矿业权人只能拥有使用和收益的权利，因此《中华人民共和国物权法》规定探矿权、采矿权属于用益物权。矿山企业及个体采矿者行使采矿权的前提就是从国家的手中取得采矿权。由于矿产资源的数量有限、埋藏深、开采复杂、危险系数大等特性，因此国家对采矿权的取得做出适当限制实属必要。

我国法律规定经济主体取得矿业权后可依法转让。转让矿业权应当具备法律规定的条件，主要包括规定的期限，完成一定的勘探投入，已按国家规定缴纳矿业权使用费、价款、矿产资源补偿费和资源税，矿业权属没有争议。探矿权人有权优先取得其勘探区域内的采矿权。采矿权的获得还可通过公司重组收购、合并、投资入股等方式取得。

3.1.2 矿业权流转制度的演进

3.1.2.1 国外矿业权发展历程

西方国家在19世纪工业革命时期，由于资本主义经济的快速发展，对矿产资源的生产和利用达到顶峰，大量矿产资源得到勘探和开采，矿产品成为西方国家经济发展的基础。20世纪60年代左右，提出了矿业权的概念，通过法律规范矿产资源的产权归属。

各国法律对矿业权的分类有不同的规定。土耳其采用一分法，即只要申请一次，如果获得通过就取得了勘探、开发和采矿一系列活动的权利，无须重复申请。有的国家采用二分法，如巴西、印度尼西亚、加拿大等，将探矿权和采矿权分开申请和分别授予。我国也采用二分法。还有一些国家采用三分法，如澳大利亚将矿业权分为探矿权、采矿权和评价权，这种分类程序繁琐，不利于矿业活动的发展。

西方国家矿业权的经营过程主要包括探矿权的取得和转让、采矿权的取得和转让。探矿权的取得就是获得勘探许可证，如果某国的矿产资源所有权一律归国家所有，则可直接向政府申请获得探矿权；如果某国的矿产资源是随附于土地所有权的，则土地所有权人可直接拥有探矿权。探矿权的转让一般需在获得探矿权两年后通过招标、拍卖、协议等方式进行。西方国家的采矿权转让主要以招标、拍卖、协议的方式进行，但法国、美国比较特殊，采用特许权和国家委托等方式进行。

3.1.2.2 我国矿业权的历史演进

资源无价论导致我国在计划经济体制下实行资源无偿开采制度，没有矿业权的概念，更谈不上矿业权的流转。法律对矿业权的研究也是一片空白。随着市场经济的不断发展，矿产资源的需求和资金投入不断增加，勘探、开采矿产资源的风险越来越大。为了转移风险和减轻投资压力，矿产资源所有者（国家）认为需要从所有权中分离出部分权能。1986 年国家出台的《矿产资源法》首次正式采用“探矿权”“采矿权”名词。1994 年国家出台的《中华人民共和国矿产资源法实施细则》界定了“探矿权”“采矿权”的含义。我国“矿业权”一词首次出现在《矿业权评估师执业资格制度暂行规定》中。随后国家对《矿产资源法》进行了修订，确立了矿业权有偿取得和依法转让的基本法律制度。1998 年国家出台的三个矿业权行政法规，规定了矿业权的取得、流转条件及保护措施，肯定了矿业权的商品属性，标志着矿业权市场正式启动。2000 年国土资源部发布的《矿业权出让转让管理暂行规定》明确了矿业权的出让方式和转让方式，矿业权的出让可以采取批准申请、招标、拍卖等方式进行，矿业权的转让可以采取出售、作价出资、合作勘查或开采、上市等方式。2003 年国土资源部发布的《探矿权采矿权招标拍卖挂牌管理办法》对矿业权出让的方式和程序、竞价方式、公开信息内容以及市场监督管理方面又做出了进一步规定。目前我国已形成了政府出让矿业权的一级市场以及权利人之间转让矿业权的二级市场。

3.2 矿业权的价值构成及评估

在传统的经济和价值概念中，矿产资源的价值问题一直未能得到很好的解决，“产品高价、原料低价、资源无价”理念严重影响着矿产资源的保护和合理利用。国内外关于矿产资源价值的研究有很多，早期一些学者依据马克思的劳动价值论认为矿产资源是大自然赋予我们人类的，资源本身没有凝结人类的劳动，因此是无价值的。第二种观点认为矿产资源虽然本身没有凝结人类的劳动，但是按照西方的效用价值论，矿产资源具有效用性，因此是有价值的。第三种观点认为单独考虑劳动价值论或单独考虑效用价值论，都是不妥的，应将劳动价值与效用价值统一起来对矿产资源的价值进行研究。

虽然劳动价值论和效用价值论的统一能比较真实地反映矿产资源的价值，但劳动价值论和效用价值论还不能完全分析矿产资源的价值内涵，劳动价值只是矿产资源价值的一部分，效用性是矿产资源具有价值的前提和必要条件，要实现矿产资源价值的有偿使用，还需考虑稀缺性、垄断性、产权以及开采矿产资源对生态环境的影响等因素。矿产资源的价值理论除了前已述及的马克思劳动价值理论、效用价值理论和产权理论外，还需结合地租理论。租用土地所付出的代价叫做地租，早期的亚当·斯密和李嘉图对地租理论进行了研究，后来马克思发展了他们的地租理论，马克思的地租理论体系包括绝对地租和级差地租。马克思指出真正的矿山地租的决定方法和农业地租完全一样，绝对地租在真正的采掘工业中起着更为重要的作用。矿产所有权的垄断是产生矿山绝对地租的原因，资源禀赋及分布是产生级差地租的源泉。

目前，各类文献对矿业权价值内涵的认识并不一致。李万亨（2002）提出矿业权的价值由矿产资源本身的使用价值和地勘成果价值两部分构成。前者就是级差矿租和绝对矿租，是通过收益现值法公式计算出来的超额利润，后者通常是利用定额劳动消耗或费用效用法求得的。谢贵明（2004）从市场经济和财产权层面考察研究矿业权的价值构成，包括矿产资源所有者权益、矿业权出资者权益和新矿业权人权益。张金路（2006）对探矿权的价值表现形式、价值确认和计价方法进行了研究。

3.2.1 探矿权的价值构成

地勘人员从事地质勘查活动的目的是为了获得探矿权的价值，勘查过程中需要投入人力、物力和财力，运用相关的科学技术手段，对特定区域内的矿种名称、赋存状态、品位、储量规模、开采条件等进行探索和研究所付出的活劳动。因此，凝结在地勘成果中的劳动构成了探矿权的价值。企业要取得探矿权，首先要支付一定的成本，如区块登记费用、探矿权使用费等。取得探矿权以后，需投入一定的人力、物力、财力进行普查、详查和勘探等工作。因此，探矿权的价值由探矿权有偿取得成本、地勘环境补偿费、探矿权转让税费、探矿权转让收益四个部分组成。

3.2.1.1 有偿取得成本

我国矿业法律规定，经济组织和法人组织取得探矿权时，必须每年向国家缴纳探矿权使用费。探矿权使用费标准：第一个勘查年度至第三个勘查年度，每平方千米每年缴纳 100 元；从第四个勘查年度起，每平方千米每年增加 100 元，但是最高不得超过每平方千米每年 500 元。如果探矿权是由国家出资勘查探明的，除缴纳探矿权使用费外，申请人还需缴纳由国家出资勘查探明的探矿权价款，该部分价款应经过评估确认。申请人缴纳的探矿权使用费和评估确认的探矿权价款应该计入探矿权的价值中。

3.2.1.2　地勘投入及环境补偿费

申请人取得探矿权后，为了探矿权的连续性和保值增值，需对矿权地继续勘查，勘查过程中投入的物力和人力会增加探矿权的价值，降低后续矿业权人的勘查风险。勘探过程中，可能会对周围环境造成破坏，对环境的补偿成本构成探矿权的价值。因此，探矿权人的勘查投入及地勘过程中的环境补偿构成探矿权的价值。

3.2.1.3　探矿权转让税费及收益

地质勘探具有高风险的特点，高风险可能为矿业投资者带来高的回报。勘查完成以后，形成的勘探成果可以进一步转让给其他地勘单位或开采单位，会发生销售费用和税金，同时勘查单位还希望取得一定的经济效益，这些收益和税费构成探矿权的价值。

3.2.2　采矿权的价值构成

采矿权是指矿业权人依法对国家所有的矿产资源享有占有、使用和收益的用益物权。采矿权客体应包括已探明储量的矿产资源和矿区，具有复合性，并且矿区及其蕴涵的矿藏种类规模不同对采矿权的取得及其行使有着重要影响。采矿权可有限制的转让，法律应明确并完善采矿权的抵押、出租和承包等流转形式。采矿权的评估价值可作为采矿权流转时的底价。

采矿权的标的资产是矿产资源，采矿权的价值构成即为矿产资源价值构成。根据马克思的价值理论及效用价值论将矿产资源的价值分为内在价值和外在价值，因此采矿权的价值也由内在价值和外在价值构成。采矿权的价值的内在价值是大自然的恩赐，是未来开采矿产资源收益的现值。内在价值决定于所获得的矿产资源储量的质和量及其经济效用，其大小由矿藏的生成条件、赋存情况和丰度决定，自然丰度好的矿产地，虽然地勘投资较少，但是其内在价值可能很大，故转让其采矿权后仍能获得好价格；相反，自然条件较差的矿产地，则很难得到好价格，甚至无人问津。采矿权的价值的外在价值由国家所有者权能价值、探矿权价值和政府管理权能价值组成。采矿权主要开采已勘探查明储量的矿产资源，因此采矿权价值中应包含探矿权的价值。占用国家的土地需支付地租，矿山地租是由矿山可采储量的级差地租、垄断地租和绝对地租等组成。开采矿产资源需要向国家缴纳各种税费，包括矿产资源补偿费和资源税。国家征收的各种税费应包括在采矿权价值之内。在低碳经济背景下，矿业权价值中应考虑碳权交易成本和碳税。碳权交易是市场经济框架下解决碳排放最有效的方式，把原本一直游离在资产负债表外的气候变化因素纳入了企业资产负债表。碳税是一种污染税，矿产资源开采尤其是能源矿产的开采，会排出大量的二氧化碳等有害气体，因此政府可采取征收碳税来减少温室气体的排放量，使外部负效应内部化。开采矿产资源会破坏周围地区的空气、土壤、地下水，形成滑坡、泥石流等地质灾害，严重危害生命健康，因此矿山企业需缴纳环境补偿费和赔偿金。矿业权的价值构成如图 3. 1 所示。

3. 2. 3 矿业权的价值评估

矿业权评估是由专门的矿业权评估机构和矿业权评估师依据相关的法律规范，对矿业权所依附的矿产地进行价值评估，评估师遵循一定的程序，运用科学的技术手段和适当的评估方法，根据评估对象的自然条件及经济环境状况，对特定时点的矿业权价值进行估算，得出矿业权的价值。矿业权的评估价值是公司兼并、收购以及股票发行、上市交易的基础。矿业权评

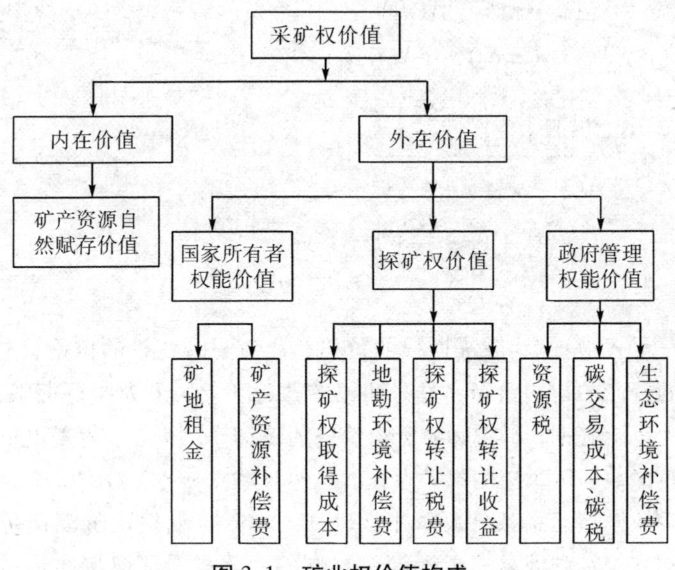

图 3.1　矿业权价值构成

估的对象是探矿权和采矿权。探矿权和采矿权的评估方法不仅相同，常用的探矿权评估方法有约当投资—贴现现金流量法、重置成本法、地质要素评序法、地勘加和法和粗估法。采矿权常用的评估方法包括收益法、贴现现金流量法以及市场比较法等。

3.2.3.1　Black-Scholes 期权定价模型运用条件

经济学中任何一个理论模型的运用都需要事先假定一系列条件，Black-Scholes 模型也不例外。Black-Scholes 期权定价模型运用的条件有：第一，标的资产的价格和收益服从标准正态分布；第二，标的资产在期权的有效期内没有红利支付；第三，标的资产价格波动方差和无风险利率保持不变；第四，期权在到期前不可实施，即为欧式期权；第五，期权交易不存在无风险套利的机会。Black-Scholes 期权定价模型公式如下：

$$c = SN(d_1) - Xe^{-rT}N(d_2) \tag{3.1}$$

$$p = Xe^{-rT}N(-d_2) - SN(-d_1) \tag{3.2}$$

$$d_1 = \frac{\text{In}\left(\frac{S}{X}\right) + \left(r + \frac{\sigma^2}{2}\right)T}{\sigma\sqrt{T}} \tag{3.3}$$

$$d_2 = \frac{\text{In}\left(\frac{S}{X}\right) + \left(r - \frac{\sigma^2}{2}\right)T}{\sigma\sqrt{T}} = d_1 - \sigma\sqrt{T} \tag{3.4}$$

上式中：c 为看涨期权的价格；P 为看跌期权的价格；S 为标的资产的初始价格；X 为期权的执行价格；T 为执行期限；r 为无风险利率；σ 为标的资产价格的波动率；N（）为累积正态分布函数；In（）为以 e 为底的自然对数（$e = 2.718\ 28$）

从模型运用条件可看出，Black-Scholes 期权定价模型是针对不支付红利的欧式看涨期权建立的。美式看涨期权如果在持有期间不支付红利，则美式看涨期权与欧式看涨期权具有等价性。因此，Black-Scholes 模型也可用于不支付红利的美式看涨期权定价。但在实践中，期权可能提前执行，也可能支付红利，而提前执行和支付红利对期权价值将会产生重大的影响。因此，需要对 Black-Scholes 期权定价模型进行进一步的修正，修正后的模型公式为：

$$c = S_t e^{-\gamma T}N(d_1) - Xe^{-rT}N(d_2) \tag{3.5}$$

Black-Scholes 期权定价模型首先用于估计金融工具的公允价值，其在金融工具中的应用非常广泛，包括股票、基金、股指期货、可转换债券价值等。随着金融全球化进程的不断加快，金融工具不断创新，Black-Scholes 模型在金融工具会计准则中得到了体现，如 FASB 在其财务会计准则第 107 号“金融工具公允价值的披露”（SFAS No.107）中明确指出，以 Black-Scholes 模型为代表的期权定价模型估计的公允价值，符合该准则的要求。

3.2.3.2 Black-Scholes 模型在矿业权价值评估中的运用

案例1：内蒙古鄂尔多斯一煤矿准备对外出售，为了合理定价，需要对该矿业权进行评估。矿山服务年限为20年，标的资产价值 $S=5.5$ 亿元，期权执行价格 $X=6.2$ 亿元，假定煤炭价格波动的标准差 $\sigma=0.15$，无风险利率 $r=5\%$，红利收益率为 6%。请确定该煤矿采矿权的期权价值。

在这个例子中，已知 $S=5.5, X=6.2, \sigma=0.15, T=20$。将这些条件代入公式（3.3）中，可得：

$$d_1=\left[\frac{\text{In}\left(\frac{S}{X}\right)+(r-\gamma+0.5\sigma^2)\ T}{\sigma\sqrt{T}}\right]$$

$$=\left[\frac{\text{In}\left(\frac{5.5}{6.2}\right)+(5\%-6\%+0.5\times0.15^2)\times20}{0.15\sqrt{20}}\right]=-0.1413$$

$$d_2=d_1-\sigma\sqrt{T}=-0.1413-0.15\sqrt{20}=-0.8121$$

$N(d_1)$，$N(d_2)$ 的值通过查标准正态分布表可得：

$$N(d_1)=N(-0.1413)=1-N(0.1413)=0.4442$$

$$N(d_2)=N(-0.8121)=1-N(0.8121)=0.209$$

则采矿权价值为：

$$c=Se^{-\gamma T}N(d_1)-Xe^{-rT}N(d_2)$$

$$=5.5\times e^{-0.06\times20}\times0.4442-6.2\times e^{-0.05\times20}\times0.209$$

$$=0.7358-0.47679$$

$$=0.26\text{（亿元）}$$

该采矿权的期权价值为0.26亿元。

由于矿产资源具有开采时间长的特殊性，并且储量是埋藏于地底下的自然资源，不确定性很大，具体开采时需考虑时间价值因素。同时矿业权交易涉及的不确定因素很多，运用 Black

-Scholes 期权定价模型对矿业权流转价值进行评估只是其中方法之一，Black-Scholes 期权定价模型在矿业权评估中运用的参数仍需继续完善。

3.3 矿业权流转计量属性的选择

3.3.1 各国矿产资源会计准则及计量方法比较

美国是较早对矿产资源会计进行研究的国家，主要集中在石油天然气领域。目前，已形成了一套完整的石油天然气会计准则体系。澳大利亚是一个矿产资源非常丰富的国家，早已建立了具有澳大利亚特色的会计准则体系。国际会计准则理事会也一直致力于研究采掘行业会计准则。我国于 2006 年发布了《企业会计准则第 27 号——石油天然气开采》，开启了我国采掘业会计的先河。表 3.1 为各国矿产资源会计准则及计量方法比较。

表 3.1 各国矿产资源会计准则及计量方法比较

国家	会计准则或公告	会计计量方法
美国	SFAS No.19：石油天然气生产企业的财务会计与报告	成本法（成果法）
	SFAS No.25：暂停使用对石油天然气生产企业的某些会计规定	成本法（成果法、完全成本法）
	SFAS No.69：石油天然气生产活动的披露	现值（储备确认会计，未被采用）
IASB	IFRS 6：矿产资源的勘探与评价	成本法

表3.1(续)

国家	会计准则或公告	会计计量方法
澳大利亚	AASB 1022：采掘行业会计 AAS 7：采掘行业会计 AASB 6：矿产资源的勘探和评价	成本法（权益区域法）
加拿大	研究报告：小型矿业公司的财务会计与报告 公告：石油天然气行业完全成本会计	成本法（完全成本法）
英国	公告 SORP 2000：石油天然气勘探、开发、生产和废弃活动会计	成本法（成果法、完全成本法）
印度尼西亚	财务会计准则声明第 33 号：一般采矿行业会计；财务会计准则说明第 29 号：石油天然气行业会计	成本法（成果法、完全成本法）
尼日利亚	会计准则说明第 14 号：石油行业会计——上游活动；企业准则说明第 17 号：石油行业会计——下游活动	成本法（成果法、完全成本法）
南非	公告：采矿行业会计与报告实务	成本法（核销法）
中国	《企业会计准则第 27 号——石油天然气开采》	成本法

表 3.1 显示了世界上一些国家国以及 IASB 的相关会计准则或公告都以历史成本来计量矿产资源资产价值，将勘探开发支出按成本法处理，虽考虑了矿业权的外在价值计量，但是没有计量和披露矿产资源的内在价值，导致矿业主体少计资产和收益。然而历史成本不会随着市场和经济的发展而调整，其弊端逐渐显现。随着市场经济的逐步发展，完善的市场可以提供相

关的市场价格，因此公允价值计量逐渐受到人们的喜爱。由于国际会计界坚持不懈地研究公允价值计量技术和方法，扩大公允价值的应用范围，因此将公允价值应用于矿产资源领域是可能的。

3.3.2 我国矿业权确认与计量的现状

由于数据库查找的局限性，笔者通过查阅 2011 年所有的上市公司年报，披露矿业权的公司主要分布在石油天然气行业、煤炭行业、钢铁行业、有色金属行业，少量分布在玻璃陶瓷和材料行业。2011 年年报计量了矿业权资产金额的公司有 105 家。由于工作量非常巨大，有遗漏之处在所难免。

105 家公司中，除了中石油将取得的矿业权计入“油气资产”外，其余 104 家公司都将采矿权计入无形资产，只有酒钢宏兴（600307）、洛阳玻璃（600876）、宝泰隆（601011）、攀钢钒钛（000629）、新兴铸管（000778）5 家公司将探矿权计入“其他非流动资产”项目。盛屯矿业（600711）将勘探权采矿权使用费计入“管理费用”。在计入无形资产的公司中，有 9 家公司将探矿权和采矿权合并入账，其余都是分别入账确认。2011 年年初披露的矿业权合计数为 144 亿元，2011 年年末矿业权合计数为 183 亿元。96 家公司则是分别披露探矿权和采矿权数据，在报表附注中按无形资产的账面原值、累计摊销、账面净值、减值准备、账面价值列示。两家公司披露了未探明矿区权益情况。兖州煤业（600188）披露企业合并中取得的勘探和评价资产，以其收购日的公允价值确认，列示于“无形资产——未探明矿区权益”项目，2011 年年初余额为 37.7 亿元，2011 年年末余额为 36 亿元。东方锆业（002167）只有期末余额 407 万元。(见表 3.2)

表 3.2 我国矿业权会计处理现状

矿业权项目	计入资产项目	公司数量（家）	备注
矿业权	油气资产	1	中石油
探矿权	其他非流动资产	5	酒钢宏兴、洛阳玻璃、宝泰隆、攀钢钒钛、新兴铸管
	无形资产	99	—
采矿权	无形资产	104	—
探矿权、采矿权合并入账	无形资产	9	—
探矿权、采矿权分别入账	无形资产	96	—

12 家公司计量了勘探开发支出金额，凌钢股份、江西铜业、百花村、西部矿业、中国石油、紫金矿业、国投新集、中色股份计入“无形资产”；西部资源、西藏矿业、云铝股份计入“长期待摊费用”，2011 年年初余额为 373 亿元，2011 年年末余额为 412 亿元。西部矿业（601168）计量了地质成果的金额 1.2 亿元。章源钨业（002378）将勘探开发支出和地质成果计入“其他非流动资产”，2011 年勘探开发支出期初数为 7 061 万元，期末数为 7 196 万元，地质成果期初数为 207 万元，期末数为 110 万元。

3.3.3 公允价值在矿业权流转中的运用条件分析

3.3.3.1 历史成本计量属性的局限性

在历史成本法下，当价格明显变动时，不同的交易时点，相同的历史成本代表不同的价值量，这些代表不同价值量的历史成本之间没有可比性。由于费用以历史成本计量，而收入以现行价格计量，收入与费用之间缺乏可比性。当债权人和投资者使用这些非真实信息做出投资决策时，既缺乏相关性，又缺乏可靠性。成果法、完全成本法本质上都是历史成本基础，不能提供矿产资源生产活动的财务状况和经营成果的充分信息。

第一，成果法的不足。FASB 提出了两种计量石油天然气资源的方法，即成果法和完全成本法。成果法基于历史成本基础，当矿区勘探成功时，将与发现探明储量相关的勘探支出资本化；如果勘探失败则将勘探支出计入当期费用。由此可见，成果法主要针对已发现探明储量相关的成本费用，对于已发现未探明储量则没有规定。矿业权流转既有已探明储量的，也有未探明储量的，因此成果法不适用于我国的矿业权流转。另外，成果法的应用将会抑制矿产资源生产企业为其勘探活动筹集资本的能力，尤其是小型勘探企业在获得资本时将会遇到特殊的困难，这是因为成果法下，企业的收益表将可能报告收益的波动及净损失，资产负债表可能显示累计的赤字。但潜在的资本供应者不了解这些波动和损失，资本来源会递减或更加昂贵，而经济发展却需要鼓励采矿企业追加资金以勘探矿产资源。

第二，完全成本法的不足。完全成本法则不论勘探过程中是否发现了石油天然气探明储量，取得石油天然气财产、勘探、开发过程中发生的一切费用都应资本化，并在今后进行折旧、折耗和摊销。完全成本法将所有石油天然气储量集中到一个非常广泛的成本中心（国家或大陆），不论这些储量究竟位于何处、究竟何时被发现，将此集合作为一项单一资产进行会计处理。在此成本中心发生的所有取得、勘探及开发成本都认为是该集合资产的成本，而不论勘探失败与否。

完全成本法与财务会计概念框架不一致，即使是已知不会产生确定的未来利益的成本仍然作为与其没有直接关系的资产成本予以资本化处理。在采掘行业，矿产资源储量代表企业取得、勘探及开发活动所最终获得的预期未来利益。如果勘探失败，没有发现矿藏储量，未来不会有经济利益流入企业，因此不应将失败的勘探支出予以资本化。

3.3.3.2 公允价值计量矿产资源储量的必然性

现行矿产资源资产主要以历史成本为计量基础，但是这种方法没有突出矿产资源行业的经济特征，没有对矿产资源储量进行会计处理，不符合财务报表的基本目标。因为矿产开采企业的主要资产是矿产资源储量，最重要的经济事件是储量的发现。矿产资源埋藏于地底下，储量很难估计，其勘探开采时间非常长，具有极大的不确定性。从美国、国际会计准则理事会及澳大利亚的矿产资源会计准则可以看出，矿产资源价值的计量问题并没有得到根本解决，无论是侧重于成本法计量，还是侧重于价值法计量，其价值的计量都是浮于形式。要想有效控制矿业权流转过程的风险，必须运用公允价值计量，公允价值是矿业权流转价值计量的必然选择。矿业权属于长期投资项目，矿业投资项目资金成本非常巨大，会计必须反映和体现这些成本支出，由于时间长、具有不确定性，必须以公允价值计量。同样，矿业活动容易发生各类安全事故，尤其是煤炭开采，我国煤炭开采瓦斯爆炸和透水事件频发，如震惊全国的王家湾矿难事故。为了减少事故的发生，首先要加强矿山企业对安全设施的建设投入，发生矿难要及时处理，控制产权流转风险最重要的一条就是要运用公允价值计量流转中的收益和风险。随着美国及国际会计准则理事会对公允价值的研究，金融期权技术在公允价值中的运用越来越广，国际矿产资源市场的逐步完善，采用公允价值计量矿产资源的产权流转不失为一种较好的办法，可以为信息使用者提供更相关的信息。

随着通货膨胀的持续，产品现货市场和期货市场的完善，现行价值越来越得以运用。FASB 于 2006 年发布了第 157 号会计准则，这是一份独立的关于公允价值的准则，把公允价值的计量推向高潮。但由于金融危机的出现，人们对公允价值会计计量产生了担心。采掘行业对使用公允价值会计计量的担心是可以理解的，因为财务报告中的资产和损益受储量重大估计、商品价格和汇率波动等综合因素的影响，公允价值的运用会增加财务报告的波动性。因此，采用混合计量基础，即采用历史成本和公允价值计量相结合的模式是理想的选择。矿产资源勘探权的取得、勘探及评价、开发过程中所发生的支出，可以资本化为资产，以历史成本计量，并进行折旧计算和减值测试。采掘行业的核心资产——储量资产是指埋藏于地下的矿产资源，与勘探和评价支出之间有很大的差异性。由于矿产资源市场化程度越来越高，像石油天然气、煤炭、铁铝等矿产资源都有公开的交易市场，我们可以借鉴参考公开的市场价格，即公允价值来确定矿产资源的储量价值，采用公允价值计量，并在财务报表主表中进行反映，同时在附注中揭示储量的数量。当储量估计发生变动时，应作为会计估计变更。

矿产资源储量是给采矿企业未来带来经济利益的经济资源，符合资产的定义，因此矿产资源储量应当包括在采矿企业资产中。采用公允价值计量矿产资源储量，应当在每一财务报表日根据可获得的最新信息对储量进行估价，储量价值的定期变化应当直接在收益表中反映，或在资产负债表的股东权益部分直接报告价值的变化。在公允价值下，采矿企业可以编制单独的数据：储量新发现导致价值的增加；储量的调整带来价值的变化；为反映该时期单位价值的变化而重新评估期末储量产生的持有资产利得和损失。

3.3.3.3 公允价值估计方法

为了加强对采掘活动会计的研究，IASB 成立了采掘活动项目小组，对矿产资源储量资产的确认与计量进行研究，并于2008年在伦敦对采掘活动草案进行讨论。采掘活动草案的4.8~4.31段对矿产资源公允价值计量进行了深入的研究，包括公允价值估价技术的选择、矿产资源公允价值计量下的记账单元的确定、矿产资源公允价值计量适用的公允价值级次的确定、以财务报告信息的质量特征评估储量或资源资产公允价值问题等。

采掘活动草案的4.11~4.37段讨论了公允价值估计的三种方法，即市场法、成本法和收益法，排除了市场法和成本法，建议采用收益法。这是因为成本法和市场法侧重于过去和当前；收益法更重视未来，是未来导向的。收益法的基本思路是将未来经济收益按照一定的比率折现，得到所计量项目的现值作为其公允价值，所以这种方法又被称为现值技术。收益法有多种分类，一种是按照折现的现金流量的不同进行分类，分为未来现金流量折现法和收益资本化法；另一种是根据对风险处理方式的不同进行分类，分为传统法和预计现金流量法。这两类不同的方法有着不同的估计和假设，对于传统法而言，主要估计预计现金流量和各自的可能性；对于预计现金流量法而言，主要估计预计现金流量的金额、每期的价值增长率和折现率或资本化率。鉴于市场法和成本法的不足，矿产资源资产的公允价值和探矿权资产的公允价值使用收益法来取得。国际评估标准委员会（IVSC）指南第14条指出，折现现金流量分析是企业进行采掘活动投资决策最常用的方法。因此，收益法通常用于评估矿物储量或资源的估价。

3.3.3.4 公允价值级次在储量/资源中的应用

SFAS No.157定义了公允价值的级次，并且为财务报告目标建立了一个计量公允价值的框架。SFAS No.157把公允价值计量的参数按优先次序分为三个级次：一级参数是指活跃市场中相同资产或负债的报价，采用市价法确定公允价值；二级参数是指除一级参数之外的其他可观察市场参数，采用类似项目法确定公允价值；三级参数是不可观察参数，采用估价法确定公允价值，但具体操作起来很难，带有较强的人为主观性。以公允价值作为勘探项目和矿产石油天然气资产的计量基础，需要取得与第三级参数相关的不确定系数。在收益法中估计公允价值，通常以各个参数不同价值的不同概率为基础，通过计算预期价值来完成。使用预期价值的方法解决了未来现金流量估计固有的不确定性。但是公允价值估计还包括用于预测时间、金额或未来现金流量概率的潜在计量误差的风险调整。

第一，使用收益法估计公允价值需要确定的参数。使用收益法估计公允价值需要确定的参数一是可采矿产资源数量。这种估计要求解释矿床的地质，包括该矿床蕴藏的矿产资源总量估计（质量估计）；假设有关决定矿床中开采矿产资源数量的技术因素，其中又包括石油天然气储层压力和流速；对矿物和矿井的设计。二是在使用年限内产权区域的生存状况。三是商品价格、汇率、开发和经营成本、税收、权利金制度和其他需支付给政府的款项。四是与货币时间价值相关的贴现率及不反映在未来现金流量估计中的风险。

第二，不可观察参数的规定。公允价值计量矿产资源资产存在不确定性及缺乏可观察的市场参数。尤其是在勘探的早期阶段，不确定性程度最高，因为这时矿产资源是否能被经济生产没有足够的信息，使得开采矿物数量的估计和生产成本的估计变得主观，甚至是投机性估计。资源的不确定性随着勘探的进展而降低，但即使在生产阶段，仍然很明显。根据储量/资源的定义，矿产资源可分为已探明的、很可能的和可能的。本书基于不确定性产权流转的研究，因此对于储量/资源的计量，主要考虑未探明的储量/资源的价格，其价格经常不稳定，预测很困难。期货市场可为储量/资源未来现货价格提供一个市场预期，但即使如此，通常只是一个较小年数的流动市场，远远低于许多矿产资源资产可能的使用年限。

第三，公允价值级次的参数在矿产资源资产计量时的应用。公允价值收益法所需的许多参数被写入公允价值计量的第三层级。[①] 虽然美国2009年5月的征求意见稿设想了不可观察市场参数的作用，但这并不意味着这些参数将始终提供一个公允价值的估计，以满足财务报表中使用的标准。征求意见稿以SFAS No.157号“公允价值计量”为基础。有人认为，公允价值计量采用不可观察的参数做假设引起了对公允价值计量的关注，一种假设未必能可靠地反映实际经济现象，一些IASB成员担忧这对财务报告使用者来说是不可靠的。但是IASB成员一致认为，对公允价值计量的关注是基于假设市场中的假设交易，主要涉及适当的计量属性的选择问题，即IASB概念框架项目的重点领域。

3.3.3.5 国际市场上主要金属矿产资源价格由谈判体系或期货市场决定

国际市场上，主要金属矿产品贸易定价方式主要有两种：一种方式是由国际市场上的主要供需方进行商业谈判以确定价格；另一种方式是以作为全球定价中心的国际期货市场的期货合约价格为基准价格来确定国际贸易价格。铁矿石价格由第一种定价机制确定。作为最重要的金属矿产资源，铁矿石在价格操纵与反操纵的反复博弈过程中，逐渐形成了相关企业价格谈判体系：主要供需方“交叉捉对”展开谈判，采取“首发—跟风”模式，遵循“长协、离岸价、同涨幅”原则。但从2008年

---

① 公允价值等级参见美国2009年5月征求意见稿——公允价值计量。这个征求意见稿清楚地设想公允价值的使用建立在第三级参数的基础上，并提出了驱动不可观察的市场参数的指南。

开始，传统定价机制被供需双方共同诟病（从1981—2009年的28年谈判历程中，共有12个年度铁矿石价格下跌，15个年度铁矿石价格上涨，1985年铁矿石价格维持不变）。占据全球一半以上需求份额的中国希望在实施长协价的基础上，实现量价互动、量大优先和中国市场统一价格。供方则希望依照现货行情签署短期供货合同。传统的年度长协定价机制可能被与现货价格联系更紧密的季度定价机制代替。

受供求关系、世界经济、金融和外汇等相关市场因素的影响外，一些有很强影响力的市场参与者或某个市场掌握了一些有色金属矿物定价权。期货交易的金融特性决定了金属矿产资源产品期货价格易受政治、经济和投机等因素影响。

3.4 矿业权流转——受让方会计

矿业权属于长期投资项目，矿业投资项目资金成本非常巨大。众所周知，寻找和开发矿产资源需要大量的资金支出。在发生大量的资金支出之后，会产生两种结果，一种是好的情况，能成功地找到商业可采矿藏，发现大量的矿藏储量；另一种是该区域有矿藏，但其数量和可采条件尚达不到商业上的要求。矿藏开采还可能面临着政治风险和经济风险等。因此，为了与其他各方分担勘探、开发和生产矿产资源的成本和风险，并分享相关的回报，采掘行业企业创造了大量的契约关系。减少风险是这些契约安排的原因之一。也可能是为了提高作业效率，或为了取得税收好处，或为了筹集资金。由于这些原因，矿业权人之间就签订了分担风险和分享收益的合同，这就是矿业权部分流转。矿业权流转包括出售、作价出资、合作、重组改制等。矿业权流转会计需从转让方和受让方两方来考虑。本部分阐述受让方的会计。

3.4.1 矿业权取得方式

矿业权的取得，实际上是获得了一项可以改善潜在的未来现金流量的期权，该期权会影响未来现金流量。

我国企业取得矿业权从事勘探开采活动有两种方式，一种方式是国家以出让的方式获取，这不是我们要研究的对象，作为产权流转主要是探讨二级市场的转让。从我国采掘业上市公司披露的探矿权采矿权数据来看，4 家公司没有披露矿业权的取得方式，在其余披露取得方式的 61 家公司中，总结出四种转让方式：第一，从其他企业购买取得，这是主要的转让方式，一般以市场价作为公允价值入账，如露天煤业（002128）与中电霍煤集团签订《采矿权转让协议》，将三号露天矿开采储量 13.76 亿吨的采矿权完整地转让给露天煤业，转让价格为市场价格。第二，重组收购、合并收购取得，一般以评估价入账，有采用折现现金流量法的，也有采用收益法的。第三，投资入股取得。第四，转租取得，如河北钢铁（000709）的子公司河北钢铁（澳大利亚）公司于 2005 年与该合营个体的其他参与方在澳大利亚通过转租形式购入 25 年采矿权，原值为 33 176 113.99 澳元，约合 1.33 亿元人民币。

3.4.2 矿业权资产的确认

现行会计准则按照采掘活动的各个阶段来制定会计准则，如国际会计准则理事会和澳大利亚会计准则委员会只考虑了勘探和评价阶段的会计处理。采用阶段会计处理模式有一定的困难，因为开展某阶段活动时，并不能判断该项活动是否能为企业主体带来真正有经济价值的东西，该项活动可能成功，也可能失败；发生的成本可能对主体有利，也可能对主体没有好处。

因此，只有发生的成本在对该主体产生持久的经济利益时，才能将采掘活动某一特定阶段发生的所有成本资本化，才与资产的定义一致。采用阶段会计处理模式还有一个困难，即难以精确地界定和划分每个阶段的活动，这是因为在矿产和石油天然气行业之间甚至在同一个行业内，每个阶段的活动会发生变化，阶段之间可能重叠，有时几个阶段同时进行，这使明确分配各个阶段的成本变得很困难。因此，主张运用资产定义和确认标准来确认财务报表中的矿业权资产。矿产和石油天然气储量/资源是否符合资产的定义应考虑它是否满足如下条件：第一，由过去交易或事项形成；第二，由主体控制；第三，未来经济利益能够流入主体。IASB/FASB 联合概念框架项目仍在研究修订后的资产和负债定义和确认标准。IASB/FASB 联合概念框架修订后的资产定义是指拥有使某一主体获得经济资源的可执行权益或拥有使某一主体拒绝（或限制）其他主体获取该经济资源的可执行权益（换句话说，即可控制的经济资源）；具有积极的经济价值（换句话说，预计有未来的经济利益）；目前存在的权益和经济价值。根据联合概念框架的定义，矿业权资产可包括法定权益资产、与法定权益相联系的有关勘探和评价活动信息、从政府或其他机构处获得的认证批准、储量/资源资产等。

企业主体获得矿业权将反映主体预计未来经济利益的流入。同时当矿业权的取得成本或价值能可靠计量时，才确认为一项资产。确认时必须对使用的不同计量基础分别予以考虑。矿业权初始确认时，历史成本能够可靠取得的以历史成本计量。如果矿业权的取得是公平交易的结果，矿产资源储量达到经济可采量的可能性大，矿业权能够可靠计量，则初始确认的计量基础是现值（如公允价值）。例如，政府勘探权的拍卖或通过与矿权持有人的谈判获得的权利。在这种情况下，获得权利的成本应等于现值。随后的勘探和评价活动对矿床的特征及其经济可采储量有更深入的了解。随着时间的推移，勘探和评价活动将提供更多的信息，从而减少地质和经济的不确定性。开发和生产阶段产生的信息将进一步减少不确定性。新的信息可能增加矿业权的价值，也可能不会增加。例如，勘探结果可能会增加或减少经济可采储量的可能性，而基础储量/资源更多的信息可能会影响资产的计量，也可能导致资产被终止确认。

3.4.2.1　法定权益资产的确认

允许主体从事采掘活动的法定权益包括：第一，产权。提供与矿产和石油天然气矿区相关的全部产权。第二，租赁或特许权安排。由矿区所有者（通常是政府）授予主体在租赁或特许的矿区进行勘探、开发、开采矿产和石油天然气。通常情况下，必须支付矿区使用费，并且矿区使用费以销售或产量百分比计算。合同开始执行后，可能需要支付定金，也可能不需要，由合同决定。租赁或特许权可能给主体强加一些条件，如要求主体至少在特定的期间内完成指定的活动或在特定的活动上花费特定数额资金。第三，与政府的产品分成合同。主体可以单独拥有法定权益，或者作为联合安排的一部分与其他主体共同拥有获得未来现金流量的权利（而不是将要生产的矿产和石油天然气）。

勘探特定矿区的法定权益符合资产的定义，法定权益是主体拥有的强制权利，法定权益赋予主体勘探尚未到期的、目前仍然存在的有价值的矿区。如果有必要，可以申请开采矿产和石油天然气的采矿权，采矿权也是有价值的，可排除其他主体从事采矿活动。法定权益也符合资产的确认标准，当初次取得法定权益时，就能够将其确认为一项资产。换句话说，主体期望有经济利益的流入，即使该流入的时间和金额存在着不确定性。因此，单独取得的无形资产总能满足确认标准。

3.4.2.2 信息

法定权益并不孤立存在，与之相联系的是有关勘探和评价活动的信息。信息是指与一个矿区地质情况有关的知识，尤其是关于该地区矿产和石油天然气是否存在、矿藏的范围、特征以及开采的经济量。这些信息的产生贯穿一个项目的始末，从勘查或勘探阶段开始，整个生产阶段继续产生。当首次取得勘探权时，信息是有限的，存在很大的不确定性。不过购买矿区法定权益就意味着某种信息的有限性，因为矿产资源勘探开采的风险极大。信息资产并不代表一个单独的资产，它是勘探和开采法定权益资产的组成部分，是对法定权益的巩固。

为了说明这一点，假设矿区 A 和矿区 B 是毗邻的两个矿区，且勘探权已授予矿区 A，后来在矿区 A 发现了一个重大油田。在矿区 A 发现重大油田的信息就可以提供矿区 B 新的信息，即在矿区 B 上发现石油可能性的信息，该信息预期会提高矿区 B 的购买价。而随后取得矿区 B 勘探权的主体不会把这个信息确认为独立的资产，信息是勘探权资产的组成部分，不能划分出来单独确认。

详细的勘探和评价活动在取得法定权益之后开始，这些活动可提供更多的关于矿产和石油天然气矿藏的特征、经济可采量和前景的信息，从而减少地质和经济不确定性。在开发和生产阶段产生的信息将进一步减少不确定性。因此，法定权益资产组成部分的信息继续被修改。新的信息也可能不会增加法定权益资产的价值，如勘探结果可能增加也可能减少经济开采储量的可能性。更多的储量/资源信息可能会影响资产的计量，也可能导致资产被终止确认。

3.4.2.3 附加权利和批准

在很多情况下，即使主体拥有矿区相关的权利（如勘探权和采矿权），该主体可能还不能算合法地拥有。在我国从事勘探和开采矿产石油天然气需要得到认证批准，这些批准通常需要从政府或其他机构处获得，其中包括环境和健康安全的工作场所。这些附加的认证批准不能确认为独立的资产，只能被视为拥有权力的改善和提高，因为认证批准的获得，可以消除模糊的条件限制，减少了最终从地面开采矿产和石油天然气的不确定性，并因此增加法定权益的价值。

3.4.2.4　开发和生产阶段的资产

开发阶段就是要让各种活动进入矿产和石油天然气矿藏，并开始生产。开发活动可描述为法定权益的改善。例如，为矿区开凿竖井，挖掘、修建道路和隧道，移除表土和废石，从而开始生产；为石油天然气矿区钻探井位，进入生产。这些开发活动与法定权益构成一个整体产生现金流量，而不是分别产生未来现金流量。如果法定权益可以出售或以其他方式转让给其他主体，也是如此，开发活动将和法定权益一起出售或转让。当主体没有拥有法定权益时，单独保留开发活动是不可能的。因此，开发活动是对法定权益的改善或增强而不是单独的资产。

许多矿山的生产可能发生在一个地点，而开发则继续在这些矿山的其他地点进行，这种情况下的开发成本应作为法定权益资产的一部分予以确认。这些矿山在一定程度上拥有超过当期报告期间的未来经济利益。

勘探、开发和生产活动具有连续一体性。在这个整体中，勘探和开采矿产石油天然气的法定权益是保持一致的。取得法定权益之前进行的勘探活动一般不确认为资产。因为没有与这些活动所产生信息相关的强制权利，这些勘探活动成本在发生时应确认为费用。但是如果勘探阶段发生的费用可以按照IAS 38“无形资产”的规定进行处理，则在成本发生时不应当确认为费用。

3.4.2.5 储量/资源资产

储量/资源是从事采掘活动主体最重要的资产，对评价主体的财务状况和经营业绩有重要的作用。从广义上讲，矿产和石油天然气储量/资源是指最终经济利益能够合理预期的位于经济可采矿区的原位矿产和石油天然气，可分为探明储量、概算储量、可能储量、推定资源量、或有资源量等。

储量/资源定义的根本目的是交流关于矿产和石油天然气数量的信息（矿床中现存的估计数和可开采的估计数）。但是确定采掘活动财务报告中的储量/资源定义并不简单，这是因为没有单一的普遍可接受的能在矿产、石油天然气都应用的储量/资源定义。虽然目前对储量/资源定义有不同观点，但是现行采用的储量/资源定义有CRIRSCO（矿产储量国际报告标准委员会）体系、SPE（石油工程协会）体系、SEC（美国证券交易委员会SEC）体系。CRIRSCO体系和SPE体系储量/资源定义提供了一个全面的矿产和石油天然气矿藏的分类体系。CRIRSCO体系要求矿产储量经济可采，意思是必须明确在合理的财务假设下，储量的开采是切实可行的。SPE体系也详细考虑了可行性研究的评估问题，规定如果主体断言的商业性表明了其坚定继续开发的意图，那么发现的可采数量、或有资源量从商业角度看可能被认为是可生产的，因此是储量。

因此，在矿产资源资产确认中，法定权益（如勘探权和采矿权），构成矿产和石油天然气资产的基础，该资产在取得法定权益时确认。随后进行的勘探和评价活动以及进入矿区的开发活动所获得的信息都被视为法定权益资产的增加。

3.4.2.6 终止确认

当一项资产不再满足资产确认标准时，应当终止确认。IAS 16和IAS 38规定了资产终止确认的情形：第一，出售时（处置）；第二，使用时预计没有未来经济利益。当勘探活动不成功时，或法定权益到期或报废时，法定权益就不再确认为资产。当勘探没有成功而终止时，预计没有未来的经济利益，法定权益也就没有合理的前景。在某些特定情况下，可能没有未来经济利益，但又没有足够的条件来终止资产的确认，如法定权益可能延长很多年，商品价格上涨没有超过预期。在这种情况下，如果计量基础是历史成本，资产可能需要进行减值测试或注销；如果计量基础是现值，该值将反映未来经济利益的预期。

3.4.3 矿业权资产的计量

在初始确认时，如果以历史成本计量该资产，则矿业权能可靠计量。IAS 38 第 26 段规定：一项单独取得的无形资产的成本通常能可靠计量。IAS 38 所表达的观点适用于勘探权和采矿权。如果矿业权的取得是公平交易的结果，则矿业权能够可靠计量，以现值（如公允价值）计量该资产。通过拍卖等方式取得矿业权的成本应等于现值。是否采用公允价值计量矿业权取决于该资产能否以公允价值可靠地计量。取得矿业权需支付对价给转让方，这个对价即为矿业权资产的公允价值。如果没有支付对价，则应根据估计的矿产资源储量和矿产资源的市场价，计算得出可能给企业带来的未来现金流量，选择合适的贴现率计算未来现金流量的现值，作为矿业权的入账价值，计入“无形资产”账户。

在后续持有期间，主体需要对矿业权开展详细的勘探和评价活动，这些活动可能提供更多的关于矿产资源的储量信息，会使矿业权资产的价值增加或减少，这时应根据不断变化的信息调整矿业权的账面价值，即采用公允价值计量矿业权的价值。采用公允价值计量矿业权的主要问题就是重新计量的频率。IFRS 要求在每个报告期末或临时期间以公允价值重新计量非金融资产。矿产资源资产的公允价值在获得更多的勘探开采信息后不断发生变化，此时矿产资源资产在每个报告期末如果不以公允价值重新计量，该资产的账面余额很可能与公允价值产生重大差异，不能可靠反映主体的财务状况。因此，我们认为，勘探项目和矿产资源资产在初始确认后，必须按公允价值在每个报告期末重新计量，包括临时期间。

3.5　矿业权流转——转让方会计

美国财务会计准则委员会对油气资产转让做出了详细的规定，其于1977年发布的SFAS No.19在第42~47条中，规定了相应的会计核算处理方法，这也是在世界各国油气会计规范中对矿权转让最为细致的会计政策。随着我国矿业权市场的不断推进，国家相继出台了矿业权转让的会计处理规定。这些规定对规范矿业权会计起到了重要的指导作用。我国会计学界对矿产资源产权流转会计研究很少，但对矿产资源初始出让会计有所研究，不过起步较晚，也仅限于对石油天然气的研究。龚光明研究了油气资产的转让收益，认为油气资产的转让实际上是经营权益的转让以及与经营权益相关的分配权益的转让。油气资产转让分为12类，如图3.2所示。

从图3.2可看出，龚光明教授主要是从油气资产的转让方角度来研究的。转让方主要考虑转让收益是否确认为损益以及确认方法如何的问题。油气资产的转让分为探明油气资产转让和未探明油气资产转让，探明油气资产转让相对来说，不确定性程度较低，未探明储量的矿业权转让的不确定性程度更高。结合龚光明教授对油气资产转让的分类，本书将矿业权转让分为出售、作价出资、租赁、抵押等方式。

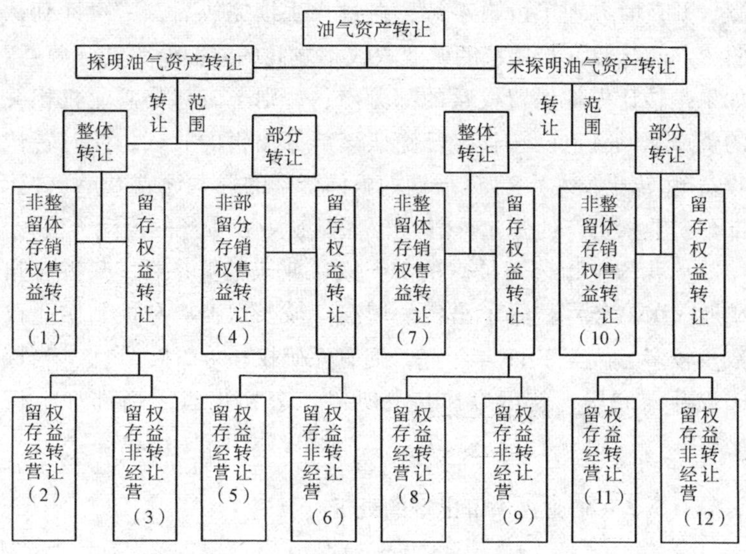

图 3.2　油气资产转让分类框架图①

3.5.1　矿业权出售的处理

矿业权出售是探矿权、采矿权持有人依法将持有的矿业权转让给他人的行为。出售时必须满足几个条件：已按规定缴纳了矿业权使用费和价款；取得勘查许可证和采矿许可证；完成最低勘查投入；投入采矿生产必须满 1 年。矿业权出售时，买卖双方应承担相应的义务和责任。

对于已探明储量和未探明储量的矿业权整体出售，表明矿业权转让人没有保留与矿业权相关的经营权和非经营权，此时与矿业权相关的风险和报酬已经全部转移，出售方收取全部价

① 龚光明．油气资产转让收益决定研究［J］．江汉石油学院学报：社科版，2002，4（2）．

款，并及时办理了过户手续，在过户手续完成后，一次性确认收入。转让收入与持有的矿业权成本之间的差额作为转让收益。如果是转让人不保留权益的部分出售，则与该部分矿业权相关的资产和风险也已转移，可确认该部分出售的收入，此时转让收益=(转让收入)-(未摊销的整体资产的资本化成本)×(转让部分矿业权资产的公允价值)/(整体矿业权资产的公允价值)。

从我国上市公司披露的105家矿业权数据来看，只有辰州矿业（002155）披露了出售的情况。该公司拥有和控制矿业权数量较多，截至2011年年底，拥有探矿权和采矿权41个。当探矿权勘探完毕，就可以出售，所以该公司出售了新邵坪上探矿权。

3.5.2 矿业权作价出资的处理

矿业类公司通常将取得的矿业权评估作价，以股份形式投入其他公司，取得相应股份，参与公司的红利分配。我国法律对矿业权作价出资入股并没有具体的规定，只是在《矿业权出让转让管理暂行规定》中提到出资入股的形式。《中华人民共和国公司法》在出资条款中，虽然没有明确使用“探矿权”“采矿权”这样的字眼，但规定股东可以采用多种出资方式，如货币资金、实物资产、无形资产等非货币性资产。矿业权是用益物权，具有可流转性，可以采用作价出资入股的流转方式。

矿业权作价出资应首先评估公允价值，然后双方办理过户手续，计入“长期股权投资”账户，减少“无形资产——矿业权”的账面价值，二者之间的差额确认为当期损益。如果是以矿业权整体入股，转让收益的确认与上述整体出售一样处理。如果是矿业权部分作价入股，与上述部分出售一样处理。例如，金瑞矿业（600714）2011年拟以鱼卡煤炭资源探矿权出资，与其他7家单位共同设立青海省能源发展（集团）有限责任公司，占股比例为21%。

3.5.3 矿业权租赁的处理

矿业权租赁包括已探明储量的租赁和未探明储量的租赁。租赁其实是保留了非经营权益转让经营权益的经济业务，从而取得现金。在租赁期间，主体转移了部分经营权益的风险和报酬，可以将获取的现金确认为其他业务收入。例如，平煤股份（601666）的采矿权价款系采用“上交资源租金”的方式支付。

3.5.4 矿业权抵押的处理

矿业权抵押是债务人将其持有的矿业权向债权人提供担保的行为，有一定的时间限制，在抵押期内，矿业权的产权不发生转移。以矿业权设定抵押实质是保留经营风险，转让非经营风险的行为，没有转移相关的风险和报酬，不确认收入和损益，但必须在附注中说明抵押事项。15家上市公司披露了用矿业权作抵押的情况，如表3.3所示。

表3.3　　矿业权抵押情况

序号	股票代码	股票名称	转让方式
1	600117	西宁特钢	抵押
2	600157	永泰能源	抵押
3	600188	兖州煤业	抵押
4	600193	创兴资源	抵押
5	600331	宏达股份	抵押
6	600489	中金黄金	抵押
7	600546	山煤国际	抵押
8	600714	金瑞矿业	抵押

表3.3(续)

序号	股票代码	股票名称	转让方式
9	600726	华电能源	抵押
10	000426	兴业矿业	抵押
11	000807	云铝股份	抵押
12	000839	中信国安	抵押
13	000939	凯迪电力	抵押
14	000983	西山煤电	抵押
15	002378	章源钨业	担保

具体披露时，有的详细说明了矿业权的账面价值和评估价值以及借款的金额。例如，凯迪电力（000939）以其拥有的采矿权证为抵押向中国工商银行郑州市花园路支行借款 24 000 万元，采矿权证年末账面价值为 56 052.93 万元。又如，西山煤电（000983）的西山义城煤业以其所持采矿权（采矿权评估价值为 24 994.50 万元）向本公司提供最高额度 14 917.50 万元的抵押担保。

3.5.5 未探明储量矿业权资产转让收益的确认

未探明油气资产不保留权益的整体转让，是未探明油气资产的整体销售，与该油气资产相关的风险与收益已全部转移，收益=(转让收入)-(该油气资产的资本化成本)。如果继续保留经营权益或非经营权益，不论是整体转让还是部分转让，则风险和报酬并未转移，不确认转让收益。未探明储量的矿业权如果不保留权益的部分转让不确认利益，可确认损失，因为未转让部分资产的成本补偿存在较大的不确定性，损失=(整体资产的资本化成本)×(转让资产的地理面积)/(整体资产的地理面积)-(转让收入)。

综上所述，矿业权流转公允价值模式如图 3.3 所示。

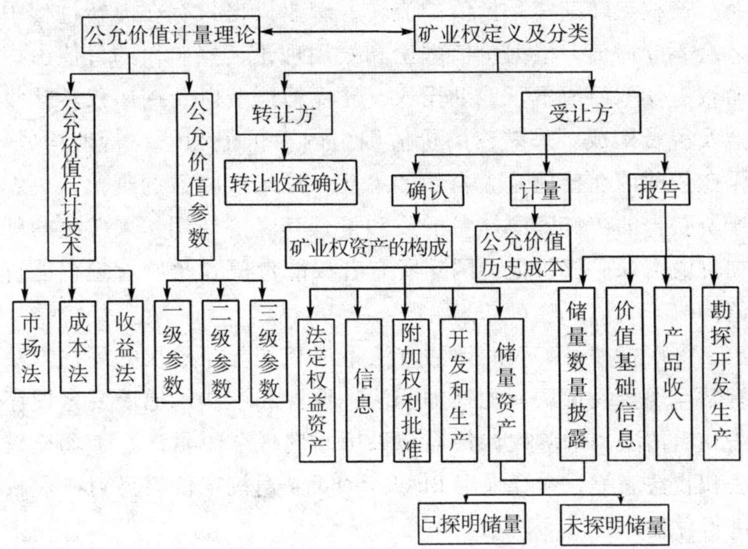

图 3.3 矿业权流转公允价值模式

3.6 本章小结

本章基于高度不确定性的产权流转，研究矿业权流转过程的会计问题，研究了如下内容：

首先，分析我国特殊的矿业权制度。我国法律明确规定，矿产资源所有权归属国家，因此国家是矿产资源的唯一所有权主体，其他社会组织和法人、自然人只能拥有矿业权的使用权和部分收益权，即在一定的区域和期限内，进行矿产资源勘查和开采的权利，包括探矿权和采矿权。矿业权的流转包括出售、作价出资、租赁、抵押等方式。

其次，阐述矿业权的价值构成，构建矿业权的价值评估体系。产权流转其实是价值的流转，矿业权也只有在流转过程中才会不断增值。根据价值理论和效用理论，探矿权的价值由探矿权有偿取得成本、地勘投入、环境补偿费以及探矿权转让收益及税费构成。采矿权的价值则由内在价值和外在价值构成。采矿权的内在价值是大自然的恩赐，是未来收益的现值，决定于所获得的矿产资源储量的质和量及其经济效用。采矿权的外在价值由探矿权价值、国家所有者权能价值和政府管理权能价值构成。

探矿权和采矿权的评估方法不尽相同。探矿权的评估方法有贴现现金流量法、地勘加和法、重置成本法、地质要素评序法和粗估法。采矿权评估通常采用贴现现金流量法、市场比较法和收益法等。本章采用 Black-Scholes 期权定价模型对矿业权进行评估。

本章的重点是研究矿业权流转的会计确认、计量问题。美国、澳大利亚等国以及 IASB 都制定了相对较完善的矿产资源会计准则。本章在比较各国矿产资源会计准则及计量方法的基础上，探讨公允价值在矿业权流转过程中的运用，并从受让方和转让方两个角度分析矿业权的会计处理。

4　中度不确定性产权流转计量：以土地使用权为例

土地是承载万物的基础。西方经济学家威廉·配第也说过“劳动是财富之父，土地是财富之母”，可见土地对人类生存发展非常重要。谁拥有了土地产权，谁就拥有了生存的基本保障，也就拥有了相应的社会地位。因此，历史上许多战争都是为了争夺土地而发动的。一个国家对土地利用的广度、深度及合理与否，是这个国家农业生产规模、国民经济建设乃至整体科学技术水平的反映和标志。

从 1987 年深圳出让第一宗土地以来，我国土地市场已经运行 20 多年，通过市场机制来调节土地资源，提高了土地资源的利用效率，显性化了土地资产的价值。大部分国家的土地所有权归属国家，企业法人和个人只能与国家签订土地使用权契约，只能拥有土地的部分产权，土地产权流转受到限制，因此土地产权流转不同于普通商品的买卖。在市场经济高速发展的今天，尤其是房地产市场的迅猛发展，土地产权的出售、转换、置换、抵押、投资入股等经济活动日益频繁。为促进土地使用权的顺畅流转，企业法人和个人就需要获得相关的土地流转信息，包括土地的位置、面积大小、价值等，这些信息的获得可从会计主体的财务报告中获得，因此需要运用会计工具予以计量与披露。目前，人们从会计学角度对土地流转所做的研究比较少，我国于2006年发布的《企业会计准则》对土地的规定也很分散，不成系统。美国财务会计准则委员会和国际会计准则理事会虽对土地的计量和披露有规定，但都是基于土地私有制做出的规定，这些规定不能完全用于我国。因此，本章拟从产权视角，运用不确定性会计理论探讨土地使用权流转的会计确认、计量问题，以促进我国土地流转市场的完善，为国家制定土地流转政策提供理论参考。

4.1 土地产权流转的内涵

4.1.1 土地产权及土地产权制度

土地产权是权利人对土地资源拥有的排他性完整权利，是土地财产权利的总和，反映产权人的经济利益关系。土地产权制度建设是土地流转的法律保障。土地产权制度分为土地所有制和土地使用制，土地所有制是土地产权制度的基础，其法律形式表现为土地所有权。土地所有权包括所有、占有、支配和使用等权利。美国、英国和澳大利亚等发达国家是土地制度发展比较完善的国家。美国的土地58%归私人所有，34%归联邦政府所有，6%归州政府所有，其他为印第安人保留地。澳大利亚的土地所有权不仅包括地表土地，还包括土地上空和土地地下部分，但不包括埋藏于地下的水和矿产资源等。澳大利亚的土地制度分为州有租赁土地、保留地和私有土地三大类。日本是土地私有制国家，63%的土地为私有土地，37%的土地为国有土地。新加坡的土地中53.72%是国有地，27.1%是公有地。中国具有特殊的产权制度，土地产权实行社会主义公有制，一部分归国家所有，如城市市区土地；另一部分归农民集体所有，土地所有权公有制不可侵犯。在保证国家和农民集体对土地的基本权益的前提下，从土地所有权中分离给土地使用者一组合理的权利，实行两权分离的原则。我国土地产权结构如图 4.1 所示。

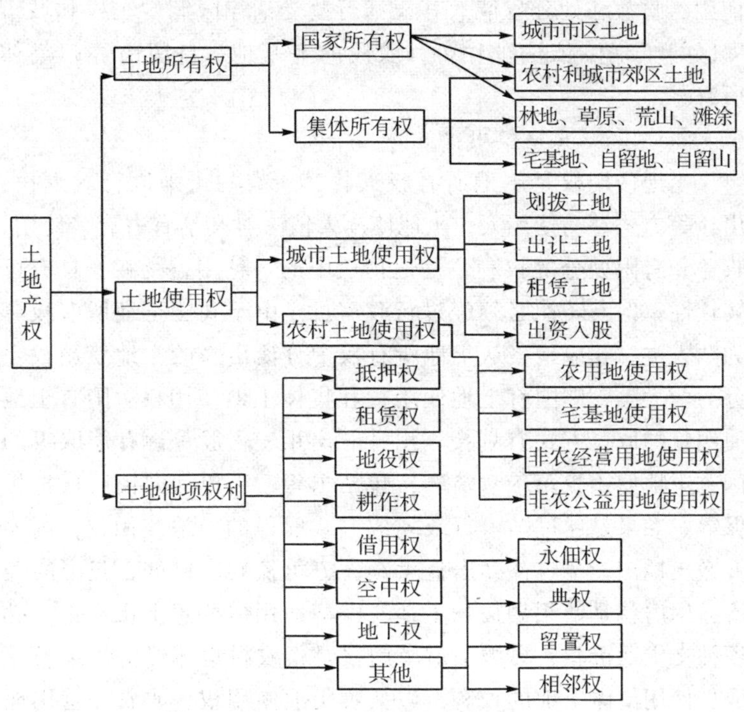

图 4.1　我国土地产权结构

4.1.1.1　土地所有权

土地所有权是一种绝对性的支配权利，属于自物权，包括占有、使用、收益、处分和排除他人干涉，并在受到侵害时请求返还和去除妨害的各项权能。我国土地所有权分为两大类，一类是国家所有，另一类是农民集体所有。国家所有又称全民所有，由国家代为行使对国有土地的占有、使用、收益和处分的权利。城市市区土地归国家所有，依法没收、征用的农村土地和城市郊区土地也归国家所有。在全民所有制下，土地所有权主体地位实际是虚化的，引发了很多的土地问题。集体土地所有权是以农民集体为所有权人，依法对集体土地享有占有、使用、收益和处分权能，其权利行使受法律限制。农村和城市郊区的土地除依法征用外，农民的宅基地、自留山等归集体所有。

4.1.1.2　土地使用权

土地使用权是土地所有权人将其所有的土地以行政划拨、出让等方式让与使用人，土地使用人依法对其享有占有、使用、收益和有限处分的权利，是他物权中的一种用益物权，具有可转让性，但其转让必须经过行政审批。由于我国土地所有权分为两大类，相应地，从土地所有权中分离出来的土地使用权也分为两大类，即国有土地使用权和集体土地使用权。国有土地使用权的取得方式有划拨、出让、出租、入股等，有偿取得的国有土地使用权可依法流转，包括出售、出租和向银行抵押担保等。如果是通过国家行政划拨方式取得的土地使用权，则要补缴土地出让金、补办出让手续，方可流转。例如，我国的经济适用房就是使用划拨的土地，经济适用房要想上市交易，必须补交土地价款。集体土地使用权是指农村集体经济组织及其成员使用集体土地的权利，包括农用地使用权、非农经营用地使用权和宅基地使用权。

4.1.1.3　土地他项权利

土地他项权利是在土地所有权和使用权以外，依照法律、合同或其他合法方式设定的土地权利，包括抵押权、耕作权、空间权等。抵押权是指土地权利人可将有偿取得的土地使用权用作债务的担保，以土地使用权设定抵押，必须经土地登记机关确认。租赁权是权利人依法将有偿取得的土地出租并收取租金的权利。地役权是指邻里之间需在他人拥有的土地上进行通行、排水的权利。我国土地法律法规并没有明确规定地役权，但在实践中是普遍存在的。耕作权是指在已明确使用权的土地上种植树木和农作物的权利等，依附于土地使用权。借用权是土地出借方将其暂时或长期不用的土地无偿提供给借用方使用，借用方通过借用土地权利人的土地而具有借用权，这是中国特殊历史条件下产生的一种他项权利形式。空中权和地下权统称为空间权，是依法律规定对土地的空中或者地下一定范围内享有的占有、使用和收益的权利，可以独立转让、抵押和出租。除此之外，土地他项权利还有永佃权、典权、留置权以及相邻权等。

4.1.2 土地资产及其特性

土地作为一种重要的生产要素，是企事业单位等经济组织的重要资产，在资产总额中占有很高的比例。在计划经济时代，我国土地主要是实行行政划拨的方式，土地没有实现价值最大化。随着土地交易市场的建立，土地产权流转越来越频繁，土地使用权只有不断地流转，才会实现土地资产价值最大化。

土地资产具有自然特性和经济特性。自然特性包括土地面积的有限性，要申请土地产权，只能在有限的范围内申请。土地空间位置具有固定性，土地资产是不动产，不像其他物品那样可以搬走移动，土地具有不可替代性，不同地理位置的土地因周围环境的不同，是不可替代的。产权特性由于土地的法律规定，土地资产表现为一定的经济组织所拥有的财产权利，具有明确的产权归属。不同的土地产权结构将影响着土地资产的利用效率和收益分配。经济特性包括土地具有垄断性，土地使用价值和价值会随着经济的发展，而不断升值。千百年来，人们不断开发利用土地，在土地上投入大量的人力、物力和财力，不断增加土地资产的价值。

4.1.3 土地产权流转

土地产权流转是建立在土地制度基础上的。世界各国各地区都对土地产权做出严格的制度安排。目前，全球已形成土地共有（集体所有)、公有（国家所有）与私有三种格局，土地管理的社会化趋向于土地经济关系的公共控制。在这种公共产权制度下，任何个人和单位都不得进行土地所有权买卖，但允许土地使用权在公开的交易平台流动与转让，即土地产权流转。

在市场经济高度发达的西方国家，实行土地私有制，土地被看作一项商品，允许自由交易。在我国特殊的公有制产权下，土地流转只能是使用权的流转。尼尔森（Nelson Chan，1999）提出，要根本解决中国的土地产权问题，市场是最好的途径，只有不断完善土地市场，才能使土地流转顺畅。我国采用出让和转让两种土地流转方式。国家作为土地所有者出让土地的使用权给公民个人或法人组织，公民个人或法人组织则必须为在一定期限内使用该部分土地付出一定的代价，即支付出让金，这种行为是土地使用权的初次流转。在土地出让中，国家是出让方，公民个人或法人组织是受让方。出让方式包括行政划拨、招标或者拍卖。土地出让在具有垄断性质的一级市场进行。城市土地使用权转让是指已经从国家取得了城市土地使用权的单位和个人，在一定条件下将土地使用权再次转移的行为，包括全部或部分转让、租赁、抵押、互换、入股、赠与或继承给其他公民、法人或组织，是平等主体之间的流转，在公平竞争的二级市场进行。本书所指的土地产权流转，是指二级市场的土地流转。

4.1.3.1 划拨

目前，我国土地出让采用行政划拨与招标、拍卖、挂牌

（以下简称招拍挂）并行的“双轨制”。划拨土地无须支付土地出让金，企业法人组织和公民个人取得划拨土地须经县级以上人民政府依法批准。表 4.1 为 2006—2010 年我国土地划拨情况。①

表 4.1　2006—2010 年我国土地划拨情况表　单位：公顷

年份	总供地面积	出让土地面积	划拨用地面积	租赁面积	其他	划拨用地占总供地面积的比重（%）
2006	325 100	232 500	54 161	2 420	1 631	16.66
2007	259 200	226 500	75 171	2 388	1 122	29.00
2008	221 800	165 859	62 381	4 344	1 229	28.12
2009	318 800	209 000	109 700	380	100	34.41
2010	428 000	291 000	136 100	551	24	31.80

4.1.3.2　出让

我国土地出让起源于深圳。1987 年，深圳借鉴香港的土地使用权出让制度，在内地率先实行土地使用权的有偿出让制度。根据国土资源部统计，2011 年，土地出让总面积为 33.39 万公顷，出让总价款为 3.15 万亿元。其中，招拍挂出让面积为 30.47 万公顷，招拍挂价款为 3.02 万亿元，招拍挂出让占出让总面积的 91.3%；抵押面积为 30.08 万公顷，抵押贷款为 4.80 万亿元。表 4.2 为 2004—2011 年我国土地使用权出让基本情况。②

① 数据来源于 2006—2010 年国土资源公报。

② 数据来源于 2006—2010 年国土资源公报。

表 4.2　2004—2011 年我国土地使用权出让基本情况表

年份	出让总面积（万公顷）	出让总价款（亿元）	招拍挂面积（万公顷）	招拍挂价款（亿元）	招拍挂面积所占比例（%）	招拍挂价款所占比例（%）
2004	17.87	5 894.14	5.21	3 253.68	29.2	55.2
2005	16.32	5 505.15	5.72	3 920.09	35.06	71.21
2006	23.25	7 676.89	6.65	5 492.09	28.6	30.9
2007	22.65	10 000	11.53	9 551	50.9	95.5
2008	16.31	9 600	13.36	–	81.9	–
2009	20.9	15 900	17.8	15 098.5	86.2	94.9
2010	29.15	27 100	25.73	26 000	88.3	96.0
2011	33.39	31 500	30.47	30 200	91.3	95.9

4.1.3.3　作价入股

根据《中华人民共和国公司法》的规定，土地使用权人可以将土地作价出资投入到其他企业中，双方一般以评估价或协议价入账。如果国家以土地使用权投入企业，则作为国家股份享有投资收益。作价入股的土地使用权一般规定一定的使用年限。该部分土地使用权依法可以转让、出租和抵押。

4.1.3.4　授权经营

土地使用权授权经营是一种特定形式的经营管理。由国家将土地使用权作价后授权给指定的特殊企业经营管理，这些特殊企业包括国家控股公司、国有独资公司、国务院批准的企业集团。土地授权经营的实质不是一种土地流转，而是一种土地管理方式。

4.1.3.5　转让

土地转让是企业法人组织和公民个人取得土地使用权后，

再将土地使用权转移的行为。有时土地使用权单独转移，有时土地使用权连同地上附着物一起转移。从国泰安数据库查阅土地转让数据，1992—2011 年全国房地产企业土地转让收入达53 284 084万元，如表 4. 3 所示。①

表 4. 3　　1992—2011 年房地产开发企业土地使用权转让基本情况表　　单位：万元

年份	土地转让收入
1992	427 420
1993	839 281
1994	959 357
1995	1 943 981
1996	1 203 378
1997	1 032 847
1998	1 322 454
1999	1 032 492
2000	1 296 054
2001	1 889 894
2002	2 251 311
2003	2 797 200
2004	4 100 917
2005	3 414 314
2006	3 006 480
2007	4 279 204

① 数据来源于国泰安数据库。

表4.3(续)

年份	土地转让收入
2008	4 668 480
2009	4 980 475
2010	5 191 917
2011	6 646 628
合计	53 284 084

4.1.3.6 出租

土地使用权出租是指出租人在一定期限内将土地使用权随同地上附着物租赁给承租人使用，由承租人向出租人支付规定数额租金的行为。据国土资源部统计，1993—2000 年，全国共出租土地 1 397 319 宗，面积 147 861 公顷。

4.1.4 中国土地产权制度的演进过程

新中国成立 60 余年来，我国城市土地使用制度发生了巨大变化。由 1949—1982 年的行政划拨阶段发展到今天的土地流转阶段。

4.1.4.1 无偿使用的行政划拨土地阶段

1949—1978 年，我国一直实行计划经济体制，这一时期我国土地使用制度采取无偿行政划拨手段，由国家统一计划分配。土地使用权划拨是一种无偿使用土地的利用方式。1978 年改革开放之后，我国城市土地制度由无偿使用改为有偿使用，由市场运作来配置土地资源。1979 年，我国出台的《中华人民共和国中外合资经营企业法》规定中国合营者可以将土地使用权作为投资入股，开启了土地有偿使用的先河。

4.1.4.2 有偿使用的“双轨制”阶段

1982 年颁布《中华人民共和国宪法》规定了我国的土地全

民所有制，即国家和集体所有的制度。这一年，深圳特区开始按城市土地级别收取土地使用费。1983 年以后，市场经济逐渐渗透到我国经济的各个方面，城市土地产权制度改革试点逐步推广。1986 年出台的《中华人民共和国土地管理法》(1988 年修正、1998 年修订、2004 年修正）对我国土地所有权和使用权制定了专门的规定，使我国土地管理有了基本的法律规范。1987 年 12 月，深圳迈出了城市土地管理制度改革的第一步，土地使用权的首次出让活动在深圳举行。1988 年 4 月施行的《中华人民共和国宪法修正案》和 1988 年 12 月修正施行的《中华人民共和国土地管理法》从根本法层次上确立了我国土地有偿使用制度，明确了土地使用权可依法转让。至此，我国初步创立了以市场手段配置的土地有偿使用制度。虽然 1994 年出台的《中华人民共和国城市房地产管理法》再次强调国有土地实行有偿、有限期的使用制度，但我国仍然保留行政划拨土地的方式，实行有偿使用和无偿划拨的“双轨制”。1996 年，我国在上海成立了第一家土地储备机构，土地储备机构的试点运行得到各级政府和土地管理部门的认可，随后在全国各地铺开。据不完全统计，目前全国已有 3 000 多个土地储备机构。土地储备制度增强了土地市场的规范运作，盘活了城市存量土地，有效防止了土地资产的大量流失，提高了土地利用率。

4.1.4.3 城市土地产权流转阶段

城市土地流转制度始于 1987 年，国务院提出企业法人组织和公民个人通过协议、招标和拍卖方式出让取得土地使用权后，可以转让、出租、抵押，即进行土地的二次流转。1992 年，我国明确指出经济体制改革的目标是建立社会主义市场经济体制，运用市场配置土地资源的范围不断扩大。为了合理定价土地资源，当年开始了土地估价的试点工作。1994 年，《中华人民共和国城市房地产管理法》的颁布，基本确立了我国两权分离的城市土地产权制度，推动了土地使用权出让市场和转让市场的发展，使土地产权正式进入市场流转。随后，我国又发布修订后的《中华人民共和国土地管理法》和《中华人民共和国土地管理法实施条例》，初步形成了土地使用制度的法律体系，土地产权市场不断完善，土地市场流转范围不断扩大。2001 年，全国有 30 个省（区、市）开展了土地招标拍卖出让工作，累计开展的市（县）数达 1 435 个，招标拍卖出让土地 23 847 宗，面积达 6 609 公顷，价款 492 亿元（不含协议出让收益），分别比 2000 年增长 52%、138%和 42%。2002 年，市场配置土地资源实现新的突破，《招标拍卖挂牌出让国有土地使用权规定》和《国土资源部监察部关于严格实行经营性土地使用权招标拍卖出让的通知》正式发布，规定所有的经营性用地必须采取招拍挂的方式进行。2003 年，土地出让的招拍挂制度取得了重大进展，当年以招拍挂方式出让的土地占 33%，招拍挂出让制度进一步得到了巩固。2004 年，《国务院关于深化改革严格土地管理的决定》（国发［2004］28 号）要求省、市人民政府制定并公布协议出让土地最低价标准，推进工业用地资源的市场化配置。2006 年，《关于加强土地调控有关问题的通知》进一步明确土地管理，规范土地出让收支管理，建立工业用地出让最低价标准统一公布制度。2007 年，《中华人民共和国物权法》明确规定了土地招拍挂的范围，从法律层面推进了土地市场化的进程。

4.2 土地使用权的价值构成及评估

土地产权流转的实质是土地价值的流转，土地的价值来源于地租，马克思提出了著名的地租理论。未开垦的原始土地是自然界存在的天然东西，没有经过人类劳动的天然土地不是劳动生产物，因而土地本身不会有价值，也就不存在以土地价值为基础的土地价格。但是在土地私有权存在的条件下，并且在商品关系普遍存在的情况下，凡是被私人所占有的有用的东西都可以当作商品来买卖。土地的价格取决于土地获取的收益和土地的供求状况。土地上的收益是指土地能给所有者带来的地租。土地的供求关系是决定土地价格的重要因素。土地产权作为一种可流转的权利，具有与其他商品一样的供求关系。当土地供给增加时，需求不变或减少，则土地价格下降；反之，则土地价格上升。

4.2.1 土地价值的构成

西方的地租理论是分析和研究土地价格的基础。威廉·配第是最早提出地租理论的经济学家，他认为劳动和土地都是创造商品价值的源泉。威廉·配第将地租看成土地的剩余，假设一个人可以自己耕种一块土地用来生产谷物，除去用于来年耕种该地所需要的种子，剩余的谷物就是这块土地这一年正常的、真实的地租。① 威廉·配第力求解释级差地租的初步原理，认为级差地租是因为土地肥力不同和离人口中心地区的远近不同造成的。威廉·配第揭示了地价的本质，即土地的价值是一定年数的地租总额，或者是地租的资本化。亚当·斯密阐述了地租和地价理论，从根本上揭示了资本主义地租存在的原因，他认为地租是为使用土地而支付的代价，是一种剩余②。同时，亚当·斯密也分析了级差地租产生的原理，认为土地的等级、位置会影响地租。让·巴蒂斯特·萨伊（1997）从效用价值入手，

---

① 斯坦利·L.布鲁. 经济思想史［M］. 焦国华，韩红，译. 北京：机械工业出版社，2003：23.

② 斯坦利·L.布鲁. 经济思想史［M］. 焦国华，韩红，译. 北京：机械工业出版社，2003：61.

提出土地价值的大小在于土地为人类提供的效用高低，并提出“生产三要素”论，认为地租是对土地服务的补偿或收入。正式提出边际效用论的是弗·冯·维塞尔，他认为价值来源于效用，对土地而言，因其稀缺性和效用性而具有价值。大卫·李嘉图发展了威廉·配第和亚当·斯密的价值学说，进一步阐述了级差地租理论，即稀少性、土地的肥沃程度和位置的差别是影响级差地租的主要源泉。

马克思将劳动价值理论运用到地租理论中，认为土地本身是天然存在的，没有经过人类的劳动，因而没有价值。但土地是可以使用的，使用时会带来收益，因而具有使用价值，这就是地租。马克思的地租理论是进行基准地价评估的理论基础，将地租资本化就是土地价格。马克思把地租区分为绝对地租和级差地租。绝对地租是在最贫瘠、环境最恶劣的土地上种植作物所获得的收入。土地使用者租种肥沃的土地比租种贫瘠的土地需要支付更多的地租，这就是级差地租。级差地租又分为级差地租Ⅰ和级差地租Ⅱ两类。级差地租Ⅰ形成必须有两个条件，即土地肥力不同和位置不同。级差地租Ⅱ是在同一块优等土地上，追加更多的投资，只要追加的投资形成的劳动生产率比劣等土地高，则追加投资所生产的农产品的个别生产价格就会产生超额利润，这就是级差地租Ⅱ。

价值是人类生产和生活的最终目标，是经济活动的基本方面。虽然劳动价值论观点已成为经典，但把劳动价值论观点完全用于土地，则存在不当和弊端。但价值是土地价格的基础，土地流转时，其流转价格中已包含非劳动部分。如果土地评估不考虑土地的价值，则回到了资源无价状态。土地在长年累月的开垦过程中，其实也投入了大量的劳动，开垦的越多，投入的越多，土地质量也就越高，其价值也就越高。土地能生产出产品满足人类的需要，包括精神上的满足和物质上的满足，这种满足就是效用性，土地的效用性意味着土地有使用价值，人类的一切生产过程都表现为价值创造过程。创造出来的价值正是人类生存所需要的。这个价值既包括劳动价值，也包括劳动对象和劳动资料固有的价值。土地价值是客观存在的，是人类一切活动的根本。

因此，土地产权的价值由使用价值和存在价值构成。土地产权的效用往往是通过使用价值的获取或实现的，即土地产权的直接使用价值，它是土地市场价值的最主要部分。土地产权还具有间接使用价值，如土地上可以生长生物，生物可以保护生态环境，从而可以使土地产权价值提高。土地的存在价值是指人们对土地资源的“存在而愿意支付的货币数额”，即人们为了土地资源的存在与延续，愿意投入资金加以保护，这一部分存在价值也是土地产权总价值的一部分。

4.2.2 土地价值评估

4.2.2.1 市场比较法

市场比较法就是参考同一时期内，市场中类似土地交易价格来评估土地价格的方法。评估时，要考虑影响拟评估土地的各项因素，包括地理位置、条件、人流量等。市场比较法的主要理论是代替原理。估价结果最能反映待估土地的市场行情，体现市场的供求关系，现实性较强。但也存在不足，如果市场过度炒作或低迷时，如房地产市场过热，导致土地出现“天价”竞拍，“地王”频现，这样会使得估价结果严重偏离土地资产的本身特征。因此，市场比较法适用于市场比较完善、比较稳定的情况。

4.2.2.2 收益还原法

收益还原法是土地估价中常用的方法。该方法把购买土地视作一项投资，在未来投资期内，每年能产生收益，将未来收益产生的现金流按一定的还原利率折算为现值，得到土地的价格，即 V=a/r 就是该宗土地的实际价值。收益还原法的理论依据比较充分，以地租理论为依据。收益还原法适用于有现实收益或潜在收益的土地估价，但折现率的选择取决于评估人员的经验和估价时的具体情况，这就要求评估人员有较高的素质和丰富的评估经验。

4.2.2.3 剩余法

剩余法又称余值法，估算时先要估算拟评估土地及地上附着物的出售价格，然后扣除地上附着物的建造成本、缴纳的税金、利息费用以及正常利润，剩余的就是土地的价格。土地使用权的购买价格=房地产销售价格-除土地价格以外的房地产的开发建筑成本-税金-开发商合理利润。利用剩余法估价应遵循土地最有效利用原则，正确确定土地最佳利用方式。剩余法的理论依据类似于地租理论，但又有区别，地租是每年都会发生的剩余，而剩余法是一次性的剩余估算。

4.2.2.4 成本逼近法

成本逼近法是在开发土地所发生的各项支出的基础上加上发生的利息、应交的各项税金，同时考虑开发商应得的利润部分来估算土地价格的方法。该方法适用于没有可参考的市场实例的新开发土地的评估。从投资成本的角度来观察土地的价格，用成本来近似评估土地的价格，是一种新的考虑问题的视角。成本逼近法作为一种基本土地估价方法，适用范围比较广泛。但成本与土地价格之间存在差异，运用此法应慎重，宜在无法确定收益的情况下采用。

4.2.2.5 路线价估价法

路线价估价法实际上是一种市场比较法，是由市场比较法派生出来的，用于城市地价的评估。具体估价时，该方法以路线价为基准，考虑临街深度、临街宽度、土地形状等影响因素，根据深度指数表和其他修正系数表对路线价进行修正，计算得出土地的价格。

4.2.2.6　基准地价系数修正法

这种方法也类似于市场比较法，以代替原理为基础，依据已公布的同类用途同级土地的基准价和由时间、地域、条件等方面的差异所确定的修正系数来确定评估对象的价格。参考的基准地价是政府确定的，土地所在区域不同、用途不同，基准地价也有差别。城市中心区域的土地和远离城区的土地价格肯定不同，工商业用地与居住用地也有差异。修正基准地价即可得到待估土地的地价。

4.3　土地流转价值的确认与计量

土地流转是使用权与价值的流转。土地在流转时能给企业带来未来的经济利益，因此具有明显的资产属性。土地通常以“不动产”“房地产”“地产”的形态出现，标志着土地从资源变成了具有实质意义的资产。随着市场经济的不断发展、土地使用制度的不断改革、土地市场的不断发育，人们越来越认识到土地特别是城市土地是一种稀缺的、人人都需要的、社会经济发展也离不了的高价值的商品。因此，在土地利用时，不仅要注重土地资源的合理利用和优化配置，还必须重视土地的资产功能，把土地资产的保值、增值作为土地利用和保护的重要内容。

4.3.1　现行会计政策对土地的核算

企业使用国家的土地，必须通过会计工具予以确认、计量、记录与报告。资产是由过去的交易和事项形成的，最明显的特征就是能给企业带来未来经济利益。从产权角度看，企业对取得的土地使用权可依法开发、建设、使用，如房地产开发企业可在土地上开发商品房，工矿企业可在土地上建造厂房。企业可在开发建造的过程中获取一定的经济收益，并且这些收益能够可靠计量，因此应作为会计主体的资产核算。土地资产体现了土地的产权关系。土地资产的收益不仅包括可以带来货币收入的直接经济效益价值，还包括生态价值和社会价值。

在美国财务会计准则及国际会计准则中，企业将所拥有的土地作为固定资产核算，因为在西方国家土地是私有的，并且不对土地计提折旧。我国会计准则将土地使用权资产按照不同的使用情况分别列入“固定资产”“无形资产”“投资性房地产”“存货”进行核算。

4.3.1.1　土地使用权计入“固定资产”核算

过去由于历史原因已经估价入账的土地计入“固定资产”，并且不计提折旧。另外，企业在外购房屋建筑物时，其价款中一般包含土地使用权，如果这部分土地使用权的价值不能单独计价核算，则连同房屋建筑物一并计入“固定资产”。

4.3.1.2　土地使用权计入“无形资产”核算

我国《小企业会计制度》和《企业会计制度》均规定，企业取得土地使用权在开发之前，应按照购买时所支付的价款及相关税费计入“无形资产”核算。如果在土地上建造房屋建筑物，则应将“无形资产”的账面价值转入“在建工程”，达到预定可使用状态时，由“在建工程”转入“固定资产”。由于土地的所有权归国家所有，国家授予土地使用者一定的使用年限，土地使用年限因使用用途不同而有区分，使用年限最长的是居住用地70年；使用年限50年，包括工业用地、教科文卫体等用地；使用年限最短的是商业用地，只有40年。因此，计入“无形资产”的土地使用权要在收益期内分期摊销。

2006年发布的《企业会计准则第6号——无形资产》规定，企业取得的土地使用权和地上房屋建筑物应分别核算，取得的土地使用权计入“无形资产”，取得的土地上的房屋建筑物计入“固定资产”，不再将土地使用权转入“固定资产”核算，如果是无法合理分配土地使用权和房屋建筑物价款的，则一并计入“固定资产”。

4.3.1.3 土地使用权计入“投资性房地产”核算

2006年发布的《企业会计准则》新增规定，如果企业将购置的土地使用权用于赚取租金或资本增值，或两者兼而有之，则应将土地使用权作为“投资性房地产”核算，将购买价款和相关税费计入初始成本，允许采用成本模式或公允价值模式进行后续计量。如果存在活跃的土地和房地产交易市场，并且企业能够从市场中取得土地使用权的市场价格信息，能够对土地使用权做出合理估计的，则后续计量允许采用公允价值，否则采用成本模式。成本模式计量的投资性房地产符合公允价值计量条件时，可以转换为公允价值模式。但公允价值模式不能转换为成本模式。在公允价值模式下，不计提折旧或摊销费，采用成本模式时，则计提折旧或摊销费。

4.3.1.4 土地使用权计入“存货”核算

房地产开发企业将土地使用权计入“存货”项目。我国房地产开发企业可从一级市场出让取得土地使用权，也可以从二级市场转让取得土地使用权。无论哪种方式取得的土地使用权，都要计入开发产品的成本中，作为存货核算。例如，万科A（000002）将所购入的、已决定将之发展为已完工开发产品的土地计入拟开发产品；世纪星源（000005）对开发用地的会计处理为整体开发时一次性全部转入“在建开发产品”项目，如果是分期开发的，则将分期开发用地分次部分转入“在建开发产品”项目，未开发的土地仍保留在“开发成本”项目；沙河股份（000014）将公司开发用土地在“存货——开发成本”项目核算。

4.3.2 运用公允价值计量土地流转价值

前已述及，土地流转的不确定性程度相比矿业权流转的确定性程度小些，但仍存在各种风险，包括自然风险、生态风险、政策风险、法律风险等，属于中度不确定性产权流转。为了减少产权流转过程的风险，土地使用权的转让方和受让方在公平的市场中，通过自愿签订契约来转移产权，从而减少风险。签订契约时，要求双方的地位是平等的，不存在欺诈，并且必须是双方真实意愿的表达。转让方和受让方在签订契约前，要获得与转移土地相关的信息，这种信息主要靠会计提供，由于土地流转的方式不同，会计信息需根据不同的方式，提供相关的信息，以满足契约签订的需要。

土地是一种特殊的资产，在使用过程中一般不会发生自然磨损，同时我国又是一个地少人多的国家，市场经济不断发展，土地改革进程不断加快，土地价值不断攀升，土地流转越发频繁。企业在计量和披露土地信息时，不仅要关注可靠性，更要注重相关性。如果采用历史成本计量获得土地支付的对价，土地价值不能真正体现出来，失去客观性和公允性。我国实行货币分房制度以来，商品房市场迅速发展，带动了土地市场的空前发展，导致土地资产的市场价值与账面价值发生严重偏离，以历史成本计量的资产负债表不能真实反映企业的财务状况，不能给受让方提供可靠的土地信息，没有体现土地价值运动过程，从而影响土地流转，影响双方的投资决策。

根据公允价值定义，在土地使用权流转过程中采用公允价值计量，可体现等价原则，因为在公平市场中，土地使用权的转移价格应是转让方和受让方真实意思的表达。公允价值计量属性与市场经济相适应，更能适应会计环境的变化。在市场经济条件下的部分产权流转，应从经济学角度考虑，体现经济学收益，对经济学收益的计量以公允价值计量更合理。

4.3.2.1　土地流转过程受让方的会计处理

随机抽取沪深两市及中小板、创业板上市公司230家，查阅其2010年12月31日和2011年12月31日无形资产中的土地使用权账面价值及总资产价值，计算无形资产占总资产的比例分别为2.96%和2.76%，对取得土地使用权的主体来说，土地使用权是其一项非常重要的资产。因此，笔者建议，统一设置“土地使用权”账户，无论何种用途的土地使用权都纳入该账户核算，而不像目前将土地分别计入不同的账户核算。企业初次取得土地使用权时，如果双方签订了协议，则按双方协议值入账，该协议价即为公允价值。如果以存货、固定资产或其他非货币性资产的方式交换得来的，能够取得公允价值的以公允价值入账，在后续计量中，定期（一般为每个会计期末）评估土地使用权的公允价值，调整账面价值，确认损益。如果公允价值无法取得，则以账面价值入账。

第一，以转让方式从其他企业获得土地使用权。如果企业取得土地使用权是为了自用，在这种情况下，以双方协商一致的公允价值及相关的税费计入“土地使用权——自用”账户，贷记“银行存款”。如果是为了增值或出租的土地使用权，计入“土地使用权——投资性房地产”账户，后续采用公允价值或成本模式计量。

第二，接受投资取得的土地使用权。接受投资取得的土地使用权，应按投资方与被投资方协议的价格或第三方评估的价值计入“土地使用权”账户，贷记“实收资本”。如果后续计量中，土地使用权评估增值，应按公允价值调增“土地使用权”的账面价值。

第三，非货币性资产交换式取得的土地使用权。企业可以其拥有的非货币性资产交换其他企业的土地使用权。利用非货币性资产交换土地使用权时，应首先判断该项交换是否具有商业实质，如果具有商业实质，则以换出资产的公允价值加上相关税费作为土地使用权的入账价值。如果不具有商业实质，并且公允价值不能可靠计量时，换入的土地使用权以换出资产的账面价值加上相关税费入账。

第四，债务重组取得的土地使用权。当受让方作为债权人与债务人达成债务重组协议后，按取得土地使用权的公允价值入账，计入“土地使用权”账户，后续持有期间，定期评估土地的公允价值，调整“土地使用权”账户的账面价值。

4.3.2.2 土地流转过程转让方的会计处理

企业取得土地使用权后，由于经营目标发生改变，或者因为其他目的，可能将取得的土地使用权进行再一次的流转。企业可通过出售、对外投资、抵押等方式转让土地使用权。土地使用权的二次流转，不能由企业单方面决定。

第一，通过出售处置土地使用权。土地使用权是一项用益物权，如果企业将通过行政划拨方式取得的土地使用权再次转让，在转让前，应先补交土地出让金给政府才能出售。出售时，借记“银行存款”，贷记“土地使用权”(账面价值)，取得的价款与账面价值之间的差额计入“营业外收入”。同时，应考虑与处置土地使用权资产相关的税收。

第二，对外投资处置土地使用权。如果企业与被投资方签订投资协议，以土地使用权出资，则按照双方协议的价格入账，借记“长期股权投资”，贷记“土地使用权”，该协议价一般为公允价值。

第三，非货币性资产交换换出的土地使用权。企业以持有的土地使用权交换对方的非货币性资产时，也应事先判断该项交易是否具有商业实质，如果该项交换具有商业实质，则以公允价值计量，土地使用权的公允价值与账面价值之间的差异确认为当期损益。如果该项交易不具有商业实质，则按账面价值结转。

第四，债务重组换出的土地使用权。当转让方作为债务人与债权人达成债务重组协议后，按双方协议的价值或评估值作为偿还债务的金额，同时结转“土地使用权”账户的账面价值，二者之间的差异计入当期损失。

第五，抵押土地使用权。目前我国《企业会计准则》并没有规定土地使用权抵押的会计处理。笔者建议，可以设置土地使用权备查簿，将抵押的宗地基本情况，包括面积、价值、用途、使用年限等做备查登记。

4.4 本章小结

本章基于中度不确定性的土地使用权流转的会计问题，研究了如下内容：

首先，分析土地产权的内涵及土地产权制度的构成。我国法律明确规定，国家和集体拥有土地的所有权，国家是城市市区土地的唯一所有者，农村和城市郊区的土地归集体所有，但如果已经征用归国家所有的除外。土地所有权不得买卖转让，而从土地所有权中分离出来的使用权允许流转，因此我国实行两权分离的土地产权制度，在土地所有制的基础上分离出土地使用权及他项权利。

其次，建立在土地制度基础上的产权流转包括出让和转让两种方式，形成我国的土地一级市场和二级市场。一级市场的出让主要采取协议、招标或者拍卖方式，二级市场主要是采取在平等主体之间的转让、租赁、抵押、互换、入股、赠与或继承等方式，本书主要探讨二级市场的土地流转。通过查阅国土资源公报，得到我国土地使用权的出让和转让情况。

再次，分析土地价值构成和评估方法。西方地租理论是分析和研究我国土地价值的基础，同时又吸收了马克思地租理论的精华。土地产权的价值由使用价值和存在价值构成。土地价格评估是土地产权流转的基础。地租理论和地价理论为土地估价提供了方法理论依据。城市土地估价方法主要有市场比较法、收益还原法、剩余法、成本逼近法、路线价估价法和基准地价系数修正法6种方法。

最后，阐述土地流转的价值计量。先阐述现行土地会计处理现状，世界各国并没有为土地单独发布独立的会计处理规范，而是分散于存货、无形资产、投资性房地产等项目中，并且以历史成本计量。随着市场经济的繁荣，产权流转的加速，建议采用公允价值计量土地流转价值，单独设置“土地使用权”账户，从土地流转的受让方和转让方两个视角探讨土地使用权的流转价值的计量。

5 低度不确定性产权流转计量：以租赁业务为例

5.1 租赁发展概况

租赁业务作为一种新的融资手段在全球得到了迅速的发展，在社会经济生活中扮演着重要的角色。当企业需要某种设备但又没有足够的资金购买时就可以采取租赁的方式，如租赁厂房、土地、设备、交通工具等。对出租人而言，可以把不需用的资产出租给承租人，提高资产的使用效率；对承租人而言，避免把大量资金积压在固定资产上，增加资金的流动性。同时，租赁业务具有风险较低、易控制的特点，因而租赁是一项双赢的活动。现代租赁业正生机勃勃地发展着，渗透到各行各业。

全球最早的租赁业务发生在 1877 年，美国贝尔电话公司将其拥有的电话机出租给企业和个人使用，收取租金。全球第一家专业租赁公司于 1952 年在美国洛杉矶成立，为企业提供长期直接投资项目。根据世界租赁年鉴的统计，2009 年全球租赁额排名前 10 位的国家的融资租赁总额达到 4 420 亿美元（2009 年 1 美元约等于 6.83 元人民币，下同），其中中国达到 410.1 亿美元，位居第四，具体数据如表 5.1 所示。

表 5.1　　2009 年租赁额前 10 位的国家

排名	国家	金额（亿美元）	增长率（%）
1	美国	1 739	-14.8
2	德国	553	-26.0
3	日本	532.5	-18.7
4	中国	410.1	86.7
5	法国	318.4	-19.8
6	意大利	267.8	-32.3
7	巴西	233.1	-48.5
8	英国	146.9	-31.2
9	加拿大	130.5	-12.9
10	俄罗斯	88.7	-60.4
合计		4 420	—

数据来源：2011 年世界租赁年鉴。

从租赁业市场渗透率来看，美国达 31.1%，加拿大为 20.2%，英国为 15.35%，德国为 9.8%，我国目前仅为 4%，这是因为中国租赁融资起步较晚，1981 年才在北京成立第一家租赁公司。30 多年来，我国租赁业不断壮大，在建筑、航空等产业领域普遍渗透。截至 2012 年年底，我国融资租赁公司约 560 家，注册资本为 1 820 亿元，租赁合同余额约为 15 500 亿元。除融资租赁外，经营租赁在我国发展也比较快，随着市场经济的发展，租赁业在我国必然有一个较大的发展空间。

5.2 租赁业务的产权流转分析

租赁是一项契约，是在出租人与承租人之间签订契约达成协议，由出租人在一定时期内将资产的使用权转移给承租人使用，承租人按期支付租金给出租人。租赁活动的目的包括筹集资金、获取资产、获得专业知识以及提高资产使用的灵活性。从产权理论角度考虑，租赁是出租人转移资产的使用权而不是所有权给承租人，属于产权的部分流转。出租方通过购买或建造方式取得租赁财产的完全产权，包括所有权、占有权、支配权、使用权、收益权和处置权，然后将租赁资产交付承租人使用，导致租赁资产的所有权与使用权相互分离。租赁期满时，租赁资产的产权归属具有不确定性，如果是融资租赁租入的标的资产，承租人有低价优先购买选择权，当然承租人也可以放弃购买，而以相对低的价格续租资产。如果对租赁资产不甚满意，也可以在租赁期满时退还给出租人。

租赁业务作为企业过去的交易或事项，对财务报表的影响随着时间推移而明确。租赁业务可能面临着经营风险、市场风险、信用风险、汇率风险和法律风险，因此租赁业务是一种低度不确定性经济业务。经营租赁和融资租赁的根本区别就是转移风险和报酬的程度不同。在租赁产权流转过程中，出租人承担着按照约定将租赁物交付承租人，并在租赁期间保持租赁物符合约定的用途的义务。承租人承担的责任是按约定的条款使用租赁物、妥善保管租赁物，并按合同的约定支付租金。如果承租人未按照约定的条款使用租赁物，致使租赁物受到损失的，出租人有权解除合同并要求赔偿损失。承租人在租赁期间可获得因占有、使用出租物而取得的收益权，如果经出租人同意，可以将租赁物转租给第三人。

5.3 租赁资产价值的评估——期权模型的运用

如果租赁业务的期限相当长，则租金金额相应较大，因此租赁具有欧式看涨期权的特征。租金由基本租金和或有租金组成，或有租金是租赁合同赋予出租人的一项权利。如果承租人经营有方，销售业绩很好，出租人在获得基本租金之外还可享受承租人的超额销售收入的权利；如果承租人经营不好，销售业绩不佳，出租人仍可以获得基本租金。或有租金具有不确定性，因此使用租赁资产产生的未来现金净流量具有不确定性，这就像衍生金融工具的价格一样是不可预测的，这种不确定性具有期权的特征。因此，运用 Black-Scholes 期权定价模型对其进行定价是合理的。目前也有不少学者进行这方面的研究，如徐公达（2003）将期权定价方法用于飞机租赁业务中，对飞机租赁业务中的风险进行管理。下面以长海公司租赁生产线为例阐述 Black-Scholes 期权定价模型在租赁中的运用。

案例 2：长海公司计划于 2012 年 1 月 1 日租赁一条生产线，生产线价格为 10 000 万元，租期为 10 年。生产线营业现金流入量的现值为 32 000 万元，营运成本现值为 37 000 万元。假定标的资产的波动率为 0.42，无风险利率为 4.5%。

将以上各值代入 Black-Scholes 期权模型，可得生产线租赁的期权价值：

$$d_1 = \frac{\text{In}\left(\frac{32\,000}{37\,000}\right) + \left(4.5\% + \frac{0.42^2}{2}\right) \times 10}{0.42 \times \sqrt{10}} = 0.893\,7$$

$$d_2 = d_1 - \sigma\sqrt{T} = 0.893\,7 - 0.42 \times \sqrt{10} = -0.434\,5$$

查表可得:

$N(d_1) = 0.8132$

$N(d_2) = 1 - N(0.4345) = 0.3336$

$c = 32\,000 \times 0.8937 - 37\,000 \times e^{-4.5\% \times 10} \times 0.3336$

$= 20\,728.67$(万元)

该租赁的期权价值为 20 728.67 万元。

5.4 租赁会计处理现状

5.4.1 现行租赁会计基本规范

美国是世界上租赁业务最发达的国家，其对租赁会计规范研究也比较早。SFAS No.13“租赁会计”准则，是对租赁业务会计处理的基本规范，此后又对其进行了多次修订。SFAS No. 13 将租赁分为资本租赁和经营租赁。

国际会计准则委员会（IASC，下同）于 1980 年发布了“租赁会计”征求意见稿（ED19）。1982 年 9 月，IASC 正式发布 IAS 17“租赁会计”，自 1984 年 1 月 1 日起生效。1997 年 4 月，IASC 发布了“租赁”征求意见稿（ED 56）。1997 年 12 月，新的 IAS 17“租赁”正式发布，自 1999 年 1 月 1 日起施行。IAS 17 是世界上许多现存准则的典范，对融资租赁和经营租赁做了根本的区别。

澳大利亚会计准则评审委员会于 1987 年 11 月颁布了 AAS 17“租赁”准则。为了促进澳大利亚会计准则与国际会计准则的协调，澳大利亚公共部门会计准则委员会在 1997 年 7 月发布了第 82 号征求意见稿“租赁”（ED 82），在充分考虑了对 ED 82 的反馈意见后，澳大利亚会计准则委员会于 1998 年 10 月发布了修订后的会计准 AASB 1008“租赁”。为执行澳大利亚财务报告委员会（FRC）要求与国际会计准则理事会（IASB）的准则趋同的战略指示，澳大利亚会计准则委员会于 2004 年 7 月正式颁布了一个与 IAS 17“租赁”趋同的澳大利亚会计准则 AASB 117“租赁”，该准则从 2005 年 1 月 1 日开始取代 AASB 1008。AASB 117 的基本内容与 IAS 17 类似，但为了体现澳大利亚的特色，增加了特别说明。

我国关于租赁会计的规范从最初的“资产所有权观”到现在提出的“资产使用权观”是一个从无到有，从不规范到逐步规范和完善的过程。我国独立的租赁会计准则出现在 2006 年财政部发布的《企业会计准则第 21 号——租赁》（以下简称 CAS 21）之中。CAS 21从承租人和出租人两个视角规范了融资租赁和经营租赁的会计确认、计量与信息披露，遵循实质重于形式的原则，将融资租入资产计入承租人的资产负债表中，作为“固定资产”入账，以租入资产取得时的公允价值与最低租赁付款额现值两者中的较低者作为入账价值，并按自有固定资产一样计提折旧，计入当期损益。承租人应将每期支付的租赁付款额之和计入“长期应付款”项目，融资租入资产与最低租赁付款额之间的差额计入“未确认融资费用”项目，在租赁期内，按实际利率法摊销，计入“财务费用”科目。对出租人而言，会计处理相对比较简单，出租人将最低租赁收款额与初始直接费用之和作为“长期应收款”入账。最低租赁收款额、初始直接费用与未担保余值之和与现值的差额则计入“未实现融资收益”项目，并在租赁期内按实际利率法摊销。CAS 21 也对经营租赁做出了具体的规范，但相比融资租赁而言简单得多，原因在于 CAS 21 没有将经营租赁承诺计入固定资产核算，只是将经营租赁期内支付的租金计入相关资产成本或当期损益。出租人仍将租出的资产列入资产负债表中，并计提折旧，将折旧费用计入“其他业务支出”科目。出租人将收到的租金确认为“其他业务收入”。

现行各国及国际会计准则理事会都将经营租赁与融资租赁做了根本的区别，将融资租赁作为承租人的固定资产入账，经营租赁作为出租人的固定资产入账，这不符合 IASB 概念框架中关于资产定义的控制概念。经营租赁和融资租赁的经济实质是一样的，只是租赁合约条款的细微区别，但在会计处理上产生了根本性的区别，任意给出经营租赁和融资租赁的划分线，使得经营租赁在资产负债表外反映，融资租赁在资产负债表内反映。两种不同的处理方式导致了会计信息缺乏可比性。

5.4.2 我国航空公司租赁会计处理现状

我国上市的专门租赁公司非常少，租赁业务通常散布于航空运输业和建筑业公司中。因此，本书选择了航空运输业的 4 家上市公司进行研究，分析租赁业务的会计处理现状。航空公司普遍采用租赁飞机的方式来解决资金不足的现状，提高资金的使用率。因为飞机成本非常高，一家空客 A380 价格约为 3.19 亿美元，如果完全购买，需要大量的资金，会给航空公司造成巨大的资金压力。租赁飞机具有融资成本低、灵活性较高和筹资渠道多样化等优势，因此飞机租赁越来越受到各国航空公司的欢迎，租赁飞机的比重达到了 60%以上。截至 2010 年年底，中国运营的民用飞机数量为 1 486 架①，其中通过融资租赁约有 310 架，通过经营租赁约有 290 架。在中小规模航空公司机队中，经营性租赁数量超过 50%。

目前我国上市航空公司有 4 家，分别为南方航空（600029）、东方航空（600115）、海南航空（600221）和中国国

① 数据来源于 2010—2011 年中国融资租赁行业研究报告。

航（601111）。截至2011年12月31日，南方航空公司有经营租赁飞机161架，融资租赁飞机76架，融资租赁资产达232.25亿元；中国国航公司有经营租赁飞机112架，融资租赁飞机96架；东方航空公司有经营租赁飞机117架，没有具体披露融资租赁飞机的数量和租赁资产的金额；海南航空没有说明租赁飞机的数量。表5.2为2009—2011年4家航空公司拥有的租赁飞机数量和金额情况。①

表5.2　2009—2011年4家航空公司租赁飞机的情况

证券代码	股票名称	年份	租赁资产账面价值（亿元）		经营租赁飞机（架）	融资租赁飞机（架）
			融资租入固定资产	经营租赁资产		
600029	南方航空	2009	179.89	—	148	55
		2010	202.33	0.43	144	70
		2011	232.25	—	161	76
600115	东方航空	2009	270.20	—	—	—
		2010	273.81	—	—	—
		2011	291.23	—	117	—
600221	海南航空	2009	—	127.20	—	—
		2010	—	—	—	—
		2011	—	98.68	—	—
601111	中国国航	2009	—	—	66	77
		2010	—	—	125	84
		2011	—	—	112	96

5.4.2.1　航空公司对经营租赁的会计处理

南方航空公司将飞行设备出租，其租期内的租金收入确认

① 数据来源于4家航空公司2009—2011年的财务报告。

为“其他业务收入”。将经营租赁方式租入的资产计入当期损益。经营租赁固定资产改良支出计入“长期待摊费用”，并按6~10年摊销，2009年年末余额为4 800万元，2010年年末余额为3 300万元。南方航空公司未将经营租赁承诺计入资产负债表项目。

东方航空公司没有将经营租赁承诺列示于资产负债表中，而是在报表附注中根据已签订的不可撤销的经营性租赁合同和付款的期限披露，如2011年经营租赁承诺为2 447 889.8万元，其中1年以内的应支付租金为399 213万元，1~2年应支付租金为375 816.3万元，2~3年应支付租金为339 485万元，3~4年应支付租金为13 333 755万元。支付的租赁费计入“营业成本”，2011年为36 021.5万元，2010年为29 976万元，2009年为28 340万元；应支付给出租方的经营租赁费计入“应付账款”，2011年为27 712.5万元，2010年为38 299.1万元，2009年为26 028万元。

海南航空公司将支付的租赁费计入“长期待摊费用”，2009年年末1 227.2万元，摊销109.3万元，计入“营业成本”，2010年期末余额为1 117.9万元。将未支付的经营租赁费计入“应付账款——应付经营租赁飞机租金”，2010年年末为506.3万元，2009年年末2 145.2万元。

中国国航公司将应付经营租赁租金计入“其他应付款——应付租赁费”，2011年年末为1 527.8万元，2010年年末18 554.8万元，2009年年末18 233.6万元。“长期应付款——应付经营租赁飞机及发动机大修理费”2010年年末余额为254 227.7万元，2009年年末余额为158 712.6万元。“销售费用——租赁费”2011年发生额为12 189.6万元，2010年发生额为12 032万元，2009年发生额为12 071.9万元。“管理费用——租赁费”2011年发生额为12 334.2万元，2010年发生额为

16 563. 8万元，2009 年发生额为 6 819. 5 万元。

从上述航空公司经营租赁业务会计处理的情况来看，各个公司的处理并不一致，海南航空公司将未付租金计入“应付账款——应付经营租赁飞机租金”，而中国国航公司则将应支付给出租人的租金计入“其他应付款——应付租赁费”，导致会计信息不可比。4 家公司都没有将经营租赁承诺入账，经营租赁承诺数据如表 5. 3 所示。

表 5. 3　2009—2011 年 4 家航空公司经营租赁情况

单位：亿元

证券代码	股票名称	年份	经营租赁承诺	经营租赁费			支付的经营租赁款	应付经营租赁租金	
				管理费用	销售费用	营业成本		应付账款	其他应付款
600029	南方航空	2009	303. 66	—	—	—	—	—	—
		2010	259. 77	—	—	—	—	—	—
		2011	251. 39	—	—	—	—	—	—
600115	东方航空	2009	151. 9	—	—	2. 83	—	2. 6	—
		2010	271. 62	—	—	3. 00	—	3. 83	—
		2011	244. 79	—	—	3. 6	—	2. 77	—
600221	海南航空	2009	84. 93	0. 05	0. 28	—	—	0. 21	—
		2010	102. 76	0. 10	0. 51	—	—	0. 05	—
		2011	89. 19	0. 45	0. 53	—	—	—	—
601111	中国国航	2009	138. 29	1. 21	0. 68	—	—	—	1. 82
		2010	168. 00	1. 20	1. 66	—	—	—	1. 86
		2011	153. 28	1. 22	1. 23	—	—	—	0. 15

5. 4. 2. 2　航空公司对融资租赁的会计处理

第一，融资租赁资产的确认。航空公司对融资租赁资产的确认基本遵循了 CAS 21 的规定，将融资租赁租入的资产作为自有资产处理，计提折旧。南方航空公司 2011 年年末融资租赁飞机账面价值为 232. 25 亿元，占固定资产的 26. 65%，占总资产的比例为 17. 97%。东方航空公司 2011 年年末融资租赁飞机账面价值为 291. 23 亿元，占固定资产的 40. 69%，占总资产的比例为 25. 95%。海南航空公司 2011 年年末融资租赁飞机账面价值为 55. 77 亿元，占固定资产的 17. 86%，占总资产的比例为 6. 86%。中国国航公司 2011 年年末融资租赁飞机账面价值为 346. 28 亿元，占固定资产的 34. 04%，占总资产的比例为 19. 98%。表 5. 4 为 4 家航空公司融资租赁资产情况。

表 5. 4 2009—2011 年 4 家航空公司融资租赁资产情况

单位：亿元

证券代码	股票名称	年份	融资租入固定资产	融资租入固定资产占固定资产的比例（%）	融资租入固定资产占总资产的比例（%）
600029	南方航空	2009	179. 89	28. 47	18. 99
		2010	202. 33	25. 39	18. 19
		2011	232. 25	26. 65	17. 97
600115	东方航空	2009	270. 20	48. 46	37. 52
		2010	273. 81	40. 20	27. 16
		2011	291. 23	40. 69	25. 95
600221	海南航空	2009	56. 57	19. 43	9. 53
		2010	59. 23	19. 75	8. 28
		2011	55. 77	17. 86	6. 86
601111	中国国航	2009	273. 03	39. 49	25. 72
		2010	282. 27	31. 99	18. 19
		2011	346. 28	34. 04	19. 98

第二，应付融资租赁款及利息的处理。4 家航空公司的应付

融资租赁款的公允价值是根据预计未来现金流量的现值进行估计的。估计应付融资租赁款的公允价值时使用租赁合同的内含利率。在编制资产负债表时，将一年内到期的长期应付融资租赁款重新分类列入流动负债，将融资租赁最低租赁付款额净额减去一年内到期的长期应付融资租赁款后的净额计入应付融资租赁款负债，并在现金流量表中计入支付的融资租赁款项。但各个公司在会计科目的设置上并未完全一致，东方航空公司和海南航空公设置“长期应付款”科目核算，东方航空公司设置“应付融资租赁款”二级科目核算，海南航空公司设置“融资租入固定资产的最低租赁付款额现值”二级科目核算。南方航空公司和中国国航公司设置“应付融资租赁款”科目核算。表5.5为4家航空公司的融资租赁付款额情况。

表5.5　2009—2011年4家航空公司融资租赁付款额情况

单位：亿元

证券代码	股票名称	年份	融资租赁最低租赁付款额	未确认融资费用	融资租赁最低租赁付款额净额	一年内到期的长期应付融资租赁款	应付融资租赁款
600029	南方航空	2009	158.12	24.94	133.18	14.31	118.87
		2010	159.21	14.91	144.30	16.54	127.76
		2011	179.52	21.15	158.37	17.84	140.53
600115	东方航空	2009	210.12	16.42	193.70	21.25	172.45
		2010	208.75	16.66	192.08	21.38	170.71
		2011	219.23	16.62	202.61	24.59	178.02
600221	海南航空	2009	23.35	3.06	20.29	5.27	15.02
		2010	25.02	3.44	21.58	4.72	16.86
		2011	22.09	3.75	18.34	4.22	14.12

表5.5(续)

证券代码	股票名称	年份	融资租赁最低租赁付款额	未确认融资费用	融资租赁最低租赁付款额净额	一年内到期的长期应付融资租赁款	应付融资租赁款
601111	中国国航	2009	190.51	2.30	188.21	34.54	153.67
		2010	188.12	5.27	182.85	22.23	160.62
		2011	226.59	7.79	218.80	26.88	191.92

第三，现行租赁业务处理的弊端。租赁的法律形式和其经济实质之间的潜在的二分法已经困扰了会计准则制定机构几十年。现行租赁会计准则将租赁业务分为经营租赁和融资租赁，实行不同的会计政策。这种二分法带有极大的主观判断成分，导致现行会计处理过于复杂。实务中难以用合理的方式准确界定融资租赁和经营租赁。经营租赁同融资租赁一样，都具有筹集资金的功能，其产权流转性质一样。从产权角度看，融资租赁与经营租赁都是使用权的流转，承租人支付租金给出租人。产权性质相似的租赁业务在会计处理上却实行差异对待，会计确认截然不同。会计准则要求承租人将融资租赁引起的权利和义务作为自有资产和负债入账，反映在资产负债表内，并视为固定资产计提折旧和维修，而将经营租赁引起的权利和义务排除在资产负债表外，导致低估企业的资产和负债，歪曲主体的资产负债率，影响财务报表信息的真实性，报表使用者很难理解这种表外融资业务的内涵。经营租赁和融资租赁都是租赁业务，性质相同，会计核算却完全不一致，导致会计信息不可比，损坏了财务数据的可比性，不能准确、完整地反映主体的财务状况。一些别有企图的承租人故意将租赁作为经营租赁处理，以减少公司的流动负债和总负债，从事资产负债表外的融资，美化了资产负债表。其会计处理的内在不足降低了财务报表在

经济决策中的相关性。

5.5 租赁会计新模式——“使用权”模式

财务会计概念框架要求财务报表能真实地反映报告主体的相关交易和事项的经济实质，无论这些交易和事项的法律形式如何。针对现行租赁分类和会计处理存在的不足，需要对此加以改进。2006 年 7 月，IASB 和 FASB 在其议事日程中增加了一个租赁项目。2010 年 8 月，IASB 和 FASB 联合发布草案，提出“使用权”模式，认为所有租赁在经济实质上是相似的，取消经营租赁和融资租赁的分类，将所有租赁资产都反映在承租方的资产负债表内。

5.5.1 “使用权”模式下承租人的会计处理

5.5.1.1 “使用权”模式下经营租赁处理的变化

在“使用权”模式下，所有租赁契约都会产生未来支付租金的义务和使用权资产，因此所有的租赁都应采用一致的处理方式。在租赁期开始日，承租人将租赁资产的公允价值与最低租赁付款额现值两者中的较低者作为资产负债表中的固定资产入账，将最低租赁付款额确认为长期应付款，最低租赁付款额与现值之间的差额确认为未确认融资费用，采用实际利率法摊销。使用权资产则以摊余成本或者公允价值后续计量，这将对租赁会计计量与报告产生重大影响。从经济实质角度考虑，在“使用权”模式下，承租人获得使用标的资产的权利，并因使用资产需要付出相应的租金。从产权角度看，承租人与出租人签订一份租赁合约后，承租人获得了使用租赁财产的权利，能给承租人带来未来的经济利益，这符合资产的定义，这种权利跟已确认为资产的专利、特许经营权等权利一样。相应地，承租人支付的租金会导致未来经济利益的流出，符合负债的定义。“使用权”模式下，承租人在资产负债表上确认的资产或负债将比现行根据美国公认会计原则或国际财务报告准则确认的资产和负债更多。因此，租赁合同成立之后，与租赁财产相关的权利和义务应确认为资产负债表中的资产和负债项目，而不仅仅考虑融资租赁。

将经营租赁资本化会影响公司的流动负债和总负债，增加财务报表的可信度和透明度。在“使用权”模式下，作为评价承租人财务业绩的指标，如负债对股东权益比率、资产负债率将会发生改变。在“使用权”模式下，承租人应确认利息费用、折旧费用和执行成本（保险、维修等）以替代租金费用。现行的租赁费用在利息、税项、折旧及摊销前的利润（EBITDA，下同）中扣除，而利息费用和折旧都没有，因此对承租人而言，确认利息费用将会增加 EBITDA。承租人应将租赁资产作为自有固定资产入账，将租赁期内应支付的租金作为负债入账，在资产负债表内同时增加资产和负债，影响资产负债率。表 5.6 是“使用权”模式下经营租赁变化汇总情况。

表 5.6　　经营租赁变化汇总

项目	美国公认会计准则	提出的模型	预期影响
总体确认	经营租赁列示于资产负债表外	将所有的租赁列为资产或负债，基于最有可能的未来租期内的租金支付（最低租赁付款额）	增加资产负债表中的资产或负债
劳务费用	列示于资产负债表外	仍然保留在资产负债表外	需要区分租赁费和劳务费

表5.6(续)

项目	美国公认会计准则	提出的模型	预期影响
租期	包括续约的讨价还价选择权期间或购买选择权的讨价还价期间	资本化最可能的租赁期间，包括选择权期间	需要在每个报告期重新评估最可能的租赁期间，如果有需要，可以调整财务报表
或有租金	当发生的时候按一般确认	资本化最可能的未来租金，包括记录为资产或负债	需要在每个报告期估计和资本化最可能的未来租金费用，并调节整个收益
收益表列报	按直线法记录租赁费用在收益表上	确认支付义务的利息费用和资产的折旧费用	提高 EBITDA、折旧费用和利息费用

5.5.1.2 经营租赁资本化对财务报表产生的影响——以航空公司为例

我国 2006 年发布的《企业会计准则第 21 号——租赁会计》规定，承租人应将融资租赁资产计入资产负债表中的“固定资产”项目，按自有资产进行折旧，并在租赁期内按实际利率法摊销未确认融资费用。最低租赁付款额扣除未确认融资费用后的余额以“长期应付款”列示。假设经营租赁与融资租赁同样入账处理，则将经营租赁资本化时，可参照融资租赁资产入账的方式处理。表 5.7 是 2009—2011 年我国 4 家上市航空公司在年度报告中报告的融资租赁最低付款额以及未确认融资费用的情况。我们可以计算出未确认融资费用占融资租赁最低付款额的百分比，南方航空的百分比分别为 15.77%、9.36% 和 11.78%，东方航空分别为 7.81%、7.98% 和 7.58%，海南航空的百分比为 13.10%、13.75% 和 16.98%，中国国航分别为

1.21%、2.80%、3.44%。假设使用这些百分比，将经营租赁作为融资租赁处理，来计算每一个总负债增加的百分比（见表5.8和表5.9）。从计算的结果来看，南方航空公司增加的百分比比例最高，2009—2011年分别为31.39%、29.06%和24.21%，海南航空和中国国航比例较低。

表5.7　2009—2011年4家上市航空公司融资租赁费用占租赁最低付款额的比例　单位：亿元

证券代码	股票名称	年份	融资租赁最低租赁付款额	未确认融资费用	未确认融资费用占融资租赁最低付款额的比例（%）
600029	南方航空	2009	158.12	24.94	15.77
		2010	159.21	14.91	9.36
		2011	179.52	21.15	11.78
600115	东方航空	2009	210.12	16.42	7.81
		2010	208.75	16.66	7.98
		2011	219.23	16.62	7.58
600221	海南航空	2009	23.35	3.06	13.10
		2010	25.02	3.44	13.75
		2011	22.09	3.75	16.98
601111	中国国航	2009	190.51	2.30	1.21
		2010	188.12	5.27	2.80
		2011	226.59	7.79	3.44

表 5.8　　2009—2011 年 4 家上市航空公司

经营租赁资本化所增加的负债　　单位：亿元

证券代码	股票名称	年份	经营租赁承诺	未确认融资费用占融资租赁最低付款额的比例（%）	拟计算的未确认融资费用	增加的负债
600029	南方航空	2009	303.66	15.77	47.89	255.77
		2010	259.77	9.36	24.31	235.46
		2011	251.39	11.78	29.61	221.78
600115	东方航空	2009	151.90	7.81	11.86	140.04
		2010	271.62	7.98	21.68	249.94
		2011	244.79	7.58	18.56	226.23
600221	海南航空	2009	84.93	13.10	11.13	73.80
		2010	102.76	13.75	14.13	88.63
		2011	89.19	16.98	15.14	74.05
601111	中国国航	2009	138.29	1.21	1.67	136.62
		2010	168.00	2.80	4.70	163.30
		2011	153.28	3.44	5.27	148.01

表 5.9　　　2009—2011 年 4 家上市航空公司经营租赁资本化所增加负债的百分比 单位：亿元

证券代码	股票名称	年份	增加的负债	原有的负债总计	总负债增加的百分比（%）
600029	南方航空	2009	255.77	814.78	31.39
		2010	235.46	810.10	29.07
		2011	221.78	916.21	24.21
600115	东方航空	2009	140.04	684.06	20.47
		2010	249.94	842.34	29.67
		2011	226.23	900.70	25.12
600221	海南航空	2009	73.80	521.58	14.15
		2010	88.63	581.13	15.25
		2011	74.05	667.26	11.10
601111	中国国航	2009	136.62	822.02	16.62
		2010	163.30	1135.20	14.39
		2011	148.01	1238.22	11.95

资本化经营租赁对流动负债也会产生影响。4 家航空公司都披露了一年内到期的长期应付融资租赁款。按照此方法，经营租赁承诺资本化之后，也会产生一年内到期的应付经营租赁款。先计算一年内到期的长期应付融资租赁款占融资租赁最低租赁付款额净额的比例，使用这个比例，将经营租赁作为融资租赁处理，计算每一个流动负债增加的百分比（见表 5.10 和表 5.11）。

表 5.10　2009—2011 年 4 家上市航空公司一年内到期的应付经营租赁款占最低租赁付款额净额的比例

单位：亿元

证券代码	股票名称	年份	融资租赁最低租赁付款额净额	一年内到期的长期应付融资租赁款	一年内到期的应付融资租赁款占最低租赁付款额净额的比例（%）
600029	南方航空	2009	133.18	14.31	10.74
		2010	144.30	16.54	11.46
		2011	158.37	17.84	11.26
600115	东方航空	2009	193.70	21.25	10.97
		2010	192.08	21.38	11.13
		2011	202.61	24.59	12.14
600221	海南航空	2009	20.29	5.27	25.97
		2010	21.58	4.72	21.87
		2011	18.34	4.22	23.01
601111	中国国航	2009	188.21	34.54	18.35
		2010	182.85	22.23	12.16
		2011	218.80	26.88	12.29

表 5.11　2009—2011 年 4 家上市航空公司的流动负债增加情况

单位：亿元

证券代码	股票名称	年份	增加的负债	一年内到期的长期应付融资租赁款占融资租赁最低租赁付款额净额的比例（%）	增加的流动负债	原有的流动负债	流动负债增加的百分比（%）
600029	南方航空	2009	255.77	10.74	27.47	377.82	7.27
		2010	235.46	11.46	26.98	318.01	8.48
		2011	221.78	11.26	24.97	435.06	5.74

表5.11(续)

证券代码	股票名称	年份	增加的负债	一年内到期的长期应付融资租赁款占融资租赁最低租赁付款额净额的比例（%）	增加的流动负债	原有的流动负债	流动负债增加的百分比（%）
600115	东方航空	2009	140.04	10.97	15.36	356.63	4.31
		2010	249.94	11.13	27.82	391.68	7.10
		2011	226.23	12.14	27.46	436.65	6.29
600221	海南航空	2009	73.80	25.97	19.17	274.33	6.99
		2010	88.63	21.87	19.38	314.94	6.15
		2011	74.05	23.01	17.04	340.23	5.01
601111	中国国航	2009	136.62	18.35	25.07	363.94	6.89
		2010	163.30	12.16	19.86	506.33	3.92
		2011	148.01	12.29	18.19	578.67	3.14

将经营租赁承诺资本化，导致公司的流动负债和总负债都会增加，对公司的财务比率将产生重要的影响。例如，流动比率因流动负债的增加而发生变化，资产负债率或债务对权益比率也会因为负债的增加而产生影响。如果4家航空公司将经营租赁承诺的未来经营租赁最低付款额资本化，将造成流动比率增加。4家航空公司经营租赁承诺资本化前的流动比率如表5.12所示。经营租赁承诺资本化后，不仅流动负债和总负债会增加，与经营租赁承诺资本化相应的租赁资产也会随之增加。经营租赁承诺资本化后的流动比率如表5.13所示。资产负债率如表5.14和表5.15所示。从表5.13和表5.15的结果看出，经营租赁资本化之后，公司的流动比率和资产负债率都提高了，因此有些公司为了公司的特殊目的，人为故意进行经营租赁处理，把资产和负债列于资产负债表外，从而降低流动比率和资产负债率。

表 5.12　2009—2011 年 4 家上市航空公司经营租赁资本化前的流动比率　单位：亿元

证券代码	股票名称	年份	流动资产	流动负债	流动比率（%）
600029	南方航空	2009	91.28	377.82	24.16
		2010	158.59	318.01	49.87
		2011	194.85	435.06	44.79
600115	东方航空	2009	68.64	356.63	19.25
		2010	117.21	391.68	29.92
		2011	137.12	436.65	31.40
600221	海南航空	2009	141.24	274.33	51.49
		2010	206.44	314.94	65.55
		2011	250.87	340.23	73.74
601111	中国国航	2009	71.79	363.94	19.73
		2010	209.88	506.33	41.45
		2011	214.62	578.67	37.09

表 5.13　2009—2011 年 4 家上市航空公司经营租赁承诺资本化后的流动比率　单位：亿元

证券代码	股票名称	年份	经营租赁承诺资本化后的流动资产	经营租赁承诺资本化后的流动负债	经营租赁承诺资本化后的流动比率（%）
600029	南方航空	2009	118.75	405.29	29.30
		2010	185.57	344.99	53.79
		2011	219.82	460.03	47.78

表5.13(续)

证券代码	股票名称	年份	经营租赁承诺资本化后的流动资产	经营租赁承诺资本化后的流动负债	经营租赁承诺资本化后的流动比率(%)
600115	东方航空	2009	84.00	371.99	22.58
		2010	145.03	419.5	34.57
		2011	164.59	464.11	35.46
600221	海南航空	2009	160.42	293.5	54.66
		2010	225.84	334.32	67.55
		2011	267.89	357.27	74.98
601111	中国国航	2009	96.86	389.01	24.90
		2010	229.74	526.19	43.66
		2011	232.79	596.86	39.00

表5.14　2009—2011年4家上市航空公司经营租赁承诺资本化前的资产负债率　单位：亿元

证券代码	股票名称	年份	资产总计	负债总计	资产负债率(%)
600029	南方航空	2009	947.36	814.78	86.01
		2010	1 112.29	810.10	72.83
		2011	1 292.60	916.21	70.88
600115	东方航空	2009	720.19	684.06	94.98
		2010	1 008.10	842.34	83.56
		2011	1 122.15	900.70	80.27

表5.14(续)

证券代码	股票名称	年份	资产总计	负债总计	资产负债率(%)
600221	海南航空	2009	593.43	521.58	87.89
		2010	715.53	581.13	81.22
		2011	812.97	667.26	82.08
601111	中国国航	2009	1 061.63	822.02	77.43
		2010	1 552.19	1135.20	73.14
		2011	1 733.24	1238.22	71.44

表 5.15　2009—2011 年 4 家上市航空公司经营租赁资本化后的资产负债率　单位：亿元

证券代码	股票名称	年份	经营租赁承诺资本化后的资产总计	经营租赁承诺资本化后的负债总计	经营租赁承诺资本化后的资产负债率(%)
600029	南方航空	2009	1 203.13	1 070.55	88.98
		2010	1 347.75	1 045.56	77.58
		2011	1 514.38	1 137.99	75.15
600115	东方航空	2009	860.20	824.1	95.80
		2010	1 258.05	1 092.28	86.82
		2011	1 348.39	1 126.93	83.58
600221	海南航空	2009	667.23	595.38	89.23
		2010	804.15	669.76	83.29
		2011	887.02	741.31	83.57

表5.15(续)

证券代码	股票名称	年份	经营租赁承诺资本化后的资产总计	经营租赁承诺资本化后的负债总计	经营租赁承诺资本化后的资产负债率（%）
601111	中国国航	2009	1 198.25	958.64	80.00
		2010	1 715.50	1 298.5	75.69
		2011	1 881.24	1 386.23	73.69

经营租赁承诺资本化会对收入及股东权益产生影响。对经营租赁而言，租赁费用报告在损益表上；对融资租赁而言，利息费用及摊销费用报告在损益表上。任何包含收入的比率将受经营租赁计入融资租赁的影响，如净利润、资产报酬率、净资产收益率以及利息保障倍数。由于净收益在会计期末已计入留存收益中，股东权益也会受到影响，任何包含股东权益的比例也会受到影响。

5.5.2 “使用权”模式下出租人的会计处理

租赁业务涉及承租人和出租人两方。现有文献主要集中在承租人的会计处理上，很少涉及对出租人的会计处理。在国际会计准则理事会 2010 年 8 月提出的“使用权”模式中，承租人在整个租赁期内将租赁资产使用权作为资产入账核算，支付租金义务作为负债核算。在“使用权”模式中出租人该如何处理呢？出租人应在资产负债表中反映应收租赁款这一项新的资产，同时，出租人的资产负债表反映提供租赁资产的使用义务为一项新的负债。

出租人根据商业模式的不同可以采用两种会计处理方法，即履约义务法和终止确认法。确定的依据是出租人在租赁期间是否保留与租赁资产相关的重大风险或收益。当出租人保留了与标的资产相关的重大风险或收益时，则出租人拥有从承租人收取的应收租赁款的权利，该权利应在出租人的资产负债表上确认为资产，同时将提供租赁项目使用权的义务确认为一项新的负债，这就是履约义务法。这就要求出租人保留标的资产在其资产负债表上，将应收租赁款确认为应收账款，并确认相关的义务为负债。履约义务法应用于目前的经营租赁。应收租赁款和负债的初始计量是类似的（基于租赁付款额的现值，包括或有租金的估计、承租人提供的担保余值以及期间选择权的罚款）。租赁公司使用实际利率法摊销应收租赁款。终止确认法是指出租人不承担租赁资产的风险，也不再享有租赁资产的收益。出租人的资产负债表只保留在租期结束时，出租人对标的资产拥有剩余资产权。终止确认法应用于目前的融资租赁。终止确认法下，出租人确认应收租赁付款额的现值（包括产生的初始直接费用）。在租赁期末，单独确认代表出租人标的资产权利的剩余价值（基于标的资产原账面价值的分配的计量）。在这种方式下，出租人将在租赁开始日确认收入。下面的阐述提供了履约义务法和部分终止确认法的比较。

考虑出租人进行一个 4 年期的机器设备租赁，设备预计使用年限为 5 年，签订租赁合同前，出租人报告的机器资产的账面价值为 150 000 元，该设备的公允价值为 175 000 元，假定出租人计量的租赁应收款和初始履约负债为 140 000 元，如果出租人采用履约义务法，则会计分录为：

借：租赁应收款　　　　　　　　　　140 000

　贷：履约义务负债　　　　　　　　　　140 000

相反，假定出租人采用部分终止确认法，终止确认的该部分资产为 120 000 元，出租人将重新分类物业、厂房和设备剩下的账面价值 30 000 元为余值。最后出租人确认最低租赁付款额 140 000元为收入，编制如下会计分录：

借：租赁应收款　　　　　　　　　　140 000

商品销售成本　　　　　　　　　120 000

资产余值　　　　　　　　　　　30 000

贷：机器　　　　　　　　　　　　　　　150 000

收入　　　　　　　　　　　　　　　140 000

两种方法下资产负债表的比较如表 5.16 所示。

表 5.16　　**履约义务法与部分终止法处理比较**　　单位：元

	履约义务法	部分终止法
机器	150 000	—
应收租赁款	140 000	140 000
资产余值	—	30 000
总资产	290 000	170 000
履约义务负债	-140 000	—
净租赁资产	150 000	170 000
净新租赁资产	—	20 000 *

* 代表产品边际利润，即 140 000-120 000=20 000 元。

国际会计准则理事会对出租人会计的总结如表 5.17 所示。

表 5.17　　**出租人会计**

出租人标的租赁资产		与标的资产相关的出租人收益和风险
重要	不重要	很小，微不足道
履约义务法	部分终止法	购买或销售法
出租人保留租赁资产	出租人终止确认租赁资产	国际会计准则理事会考虑的范围之外
确认应收租赁款的权利和履行负债的义务	确认应收租赁款的权利、余值的权利、产品销售成本和收入	

5.6 本章小结

本章基于低度不确性的产权流转，研究了租赁业务的会计问题，内容如下：

首先，对租赁业务的产权经济实质进行分析。租赁业务作为一种新的融资手段在全球得到了迅速的发展，我国已经跃居全球租赁业务的第四大国。租赁是一项关于使用权的契约，从产权理论角度考虑，租赁是出租人转移资产的使用权而不是所有权给承租人，并收取租金的活动。

其次，对租赁业务会计处理的现状进行分析。美国、澳大利亚、中国及国际会计准则理事会都发布了单独的租赁准则，并实现租赁业务会计处理的国际趋同。我国航空公司主要以租赁飞机为主，本章选择了航空运输业的 4 家上市公司进行研究，分析其对经营租赁和融资租赁业务的会计处理现状，并分析现行租赁准则的弊端。

最后，针对现行租赁业务会计处理的二分法存在的弊端，提出租赁会计新模式——“使用权”模式。从出租方和承租方两个角度探讨会计处理问题。仍以 4 家上市航空公司为例，分析经营租赁资本化后，对资产、负债以及财务比例的影响程度，得出这样的结论：经营租赁承诺资本化后，主体的流动比率和资产负债率均有提高。

6 不确定性产权流转的信息披露

6.1 会计信息披露的基本规范

产权流转改变了资源配置的方式，产权流转的转让方和受让方的权益必须得到保护。但保护转让方和受让方的利益，尤其是受让方的利益，必须获得足够的产权流转信息，这些都需要高质量的信息披露。因此，本章主要阐述产权流转的信息披露问题。国际会计准则委员会、美国财务会计准则委员会以及我国财政部就会计信息披露做出了具体的规范。

6.1.1 国际会计准则委员会对会计信息披露的规范

国际会计准则委员会自 1975 年 1 月发布 IAS 1 “会计政策的披露” 以来，一直在不断修订财务报表信息的列报，到 2005 年 8 月为止，共修订了 7 次。1976 年 10 月 IAS 5 “财务报表中应披露的信息” 发布；1979 年 11 月发布的 IAS 13 强调流动资产和流动负债的列报；1997 年修订的 IAS 1 将准则名称改为 “财务报表的列报”；1997 年 12 月，IAS 1 又一次修订，更强调 “公允列报”；2003 年 12 月 IAS 1 继续修订，对 “公允列报” 做详细的说明，增加一些披露要求，限制背离的规定。最近一次修订是在2005年8月，增加了关于资本披露的规定。IAS 1规范了信息披露的总体要求、基础假设以及信息质量特征等。2008年10月，IASB和FASB联合发布“财务报表列报初步意见”，要求主要财务报表按经营活动、投资活动和融资活动三类分类列报。

6.1.2 美国财务会计准则委员会对会计信息披露的规范

美国证券交易会（SEC）、美国注册会计师协会（AICPA）以及FASB对会计信息披露进行了广泛的研究。但美国的信息披露是从证券市场的监管机构美国证券交易委员会成立开始的。1973年，美国证券交易委员会制定了“安全港”规则，开启了预测性信息披露的先河，如果预测的信息能够取得合理的依据，即使与现实存在差异，企业也无须承担责任。之后，美国注册会计师协会发布了3个与预测信息披露相关的指导性文件，对企业的盈利预测起到指导和规范的作用。2001年，FASB发表了一个提高自愿性信息披露的报告。美国的信息披露经历了由强制性信息披露阶段、预测性信息披露阶段、未来性信息披露阶段、鼓励自愿性信息披露阶段到强制性信息披露和自愿性信息披露相结合的阶段。美国信息披露规范中最突出的特点是对预测性和未来性信息的披露，这对我国不确定性产权流转信息披露具有很好的借鉴作用。

6.1.3 中国财政部对会计信息披露的规范

2006年，我国财政部发布《企业会计准则第30号——财务报表列报》，规范了财务报表列报的基本要求、财务报表的组成和适用范围、报表附注应披露的内容，要求在财务报表附注中披露公司的基本情况、财务报表的编制基础、遵循企业会计准则的声明、报表重要项目的说明、或有事项、资产负债表日后事项以及关联事项等。

总之，国际会计准则委员会、美国财务会计准则委员会不断致力于完善信息披露的规范，这将有利于促进不确定性产权流转的信息披露。

6.2 不确定性产权流转的信息披露

6.2.1 矿业权流转的信息披露

矿产资源价值信息对投资者和债权人进行决策具有重要的作用，矿业权作为矿山企业重要的资产，如何纳入会计报表核算和披露是关键的问题。矿业权中一个重要的问题就是矿产资源开采时会排放出大量的碳，对碳排放的环境保护投入要多少？产出有多少？未来的风险有多少？碳排放对气候变化的影响有多少？财务报告聚焦于气候变化是一个趋势。国际会计准则委员会和美国财务会计准则委员会支持将气候变化纳入会计准则，即将碳资产价值量化到具体数据，作为无形资产列入资产负债表。因为碳排放指标在交易所里可以交易，有市场价值，所以价值容易确定。温室气体排放的大户，如石油天然气和煤炭的开采企业，获得矿业权的这些企业以后可能需要支出部分成本去购买碳排放配额，应把相应信息向投资者披露。

矿业权资产的对外披露与一般的披露不同，它有更高的要求，不仅要真实、准确、及时、实用而且要易于理解；不仅要反映现实情况，更要预测未来发展；既要有货币信息，也要有大量的非货币信息。此外，由于矿业权资产计量的特殊性，一些难以计量和没必要计量的信息将在报表外予以披露。因此，应在现有财务报告的基础上对其信息披露形式和内容做适当调整，单独增加反映矿业权资产的报表项目和相应的专门化报告。

自20世纪70年代以来，会计界都一直在为矿产资源行业开发一种非传统的财务报表列报格式和披露方式，这种列报格式和披露方式能够用于评估矿产资源行业上游活动的业绩，能够提供比较企业财务业绩和财务状况而需要的信息，其核心是提供与企业决策有关的信息。对于矿产资源行业来说，这种信息的核心就是企业的储量资产能为企业未来带来多少经济利益或现金流量，能在多长时间为企业带来经济利益或企业的可持续发展能力如何，具体而言就是矿产资源储量及其价值有多少、能开采多久、储量的替代情况如何、对勘探的投资力度如何。因此，矿产资源行业企业的储量、储量价值、已经发生的各生产阶段的投资情况等信息就成为投资决策和信贷决策要考虑的首要问题，也因此成为以提供决策有用信息为目标的会计所关注的核心问题。

6.2.1.1 各国矿产资源价值披露要求

第一，美国对石油天然气信息披露的规定。美国对石油天然气信息披露做了深入的研究。美国财务会计准则第19号（SFAS No.19，1977）第48~59段对披露进行了规定。从事石油天然气生产活动的企业应当按照50~59段规定，披露包含一套完整的年度财务会计报表。披露可在报表内，也可在报表的附注中，或在属于财务报表整体部分的某一单独明细表中进行披露。披露的内容包括储量、资本化成本以及石油天然气生产活动成本。一是某一企业的原油、天然气的已探明储量或已开发或已开发探明储量的权益净数量，应当在每年期初及期末编制的一套完整的财务报表上进行报告；二是某一企业每年石油天然气已探明储量净数量的变动，应在编制的一套完整的财务报表上进行报告；三是与石油天然气生产活动有关的资本化成本总额以及与之相关的累计折旧、折耗等金额应当在每期期末编制财务报表时进行报告。同时，报表中还应披露矿区财产取得成本、勘探成本、开发成本和生产成本。SFAS No.69（1982）"石油天然气生产活动的披露准则"要求所有参与石油天然气生产活动的企业，均应在其财务报表中披露已发生的成本和资本化成本的会计处理方法。

第二，IASB相关准则的披露要求。IASB采掘活动项目小组在采掘活动草案中也提出了披露的观点。2004年，IASB发布IFRS 6"矿产资源勘探与评价"准则，规定了会计主体应披露的矿产资源的勘探和评价信息，主要包括：勘探与评价资产的确认标准；勘探与评价资产、负债、收益和费用，以及经营和投资活动的现金流量的金额；会计主体应将勘探与评价资产单独处理和披露。

第三，澳大利亚相关准则的披露要求。AASB 1022和AAS 7要求以附注方式在损益表中单独披露以下内容：勘探、评价或开发成本合计数；结转的勘探、评价或开发成本的摊销费用；政府特许权使用费和应支付的产品销售费用。同时，还应单独在资产负债表中披露以下内容：勘探和评价阶段的成本结转；开发阶段的成本结转；生产阶段的成本结转。

2004年，AASB 6要求主体应披露用于认定和解释因矿物资源的勘探和评价而在财务报表中确认的金额的信息。因此，会计主体应披露下列信息：一是勘探和评价支出的会计政策，包括勘探和评价资产的确认；二是勘探和评价矿产资源所产生的资产、负债、收益和费用，以及经营和投资活动的现金流量的金额。除此之外，主体在对某一权益区域的勘探和评价资产进行确认并披露其金额时，还要说明此项勘探和评价资产支出是通过权益区域的成功开发、开采或权益区域的出售来补偿。主体应将勘探和评价资产作为单独一类资产来处理。

第四，中国矿业权信息披露准则规定。根据我国《企业会计准则第 27 号——石油天然气开采》（CAS 27，2006）的规定。企业应当披露与石油天然气开采活动有关的下列信息：一是拥有国内和国外的油气储量的年初、年末数据；二是当期在国内和国外发生的矿区权益的取得、油气勘探和油气开发各项支出的总额；三是探明矿区权益、井及相关设施的账面原值、累计折耗和减值准备累计金额及其计提方法；四是与油气开采活动相关的辅助设备及设施的账面原价、累计折旧和减值准备累计金额及其计提方法。

6.2.1.2 现行矿产资源资产信息披露模式

第一，“历史成本”报告模式。以历史成本计价为基础的报告模式，是传统的财务会计报告模式。在此模式下，主要以资产负债表、损益表和现金流量表的形式对外提供报告。在资产负债表中，资产和负债按流动性的大小排列，流动性最强的资产排在最前面。在报表左边的资产中，首先是流动资产，货币资金是流动性最强的资产，因此排在第一，其后为交易性金融资产；非流动资产排在流动资产之后，如持有至到期投资、长期股权投资、投资性房地产、固定资产、无形资产等。资产按流动性的大小排列，可以帮助报表使用者正确评价资产的变现能力和财务风险的大小。“历史成本”报告模式对石油天然气、煤炭、有色金属等矿产资源信息的披露非常简单，基本是根据取得的探矿权和采矿权成本来入账，或根据已经开采出来的矿产资源数量披露，从而忽视了矿业类资产的特殊性，矿产资源的储量根据开采的程度会发生变化，仅用历史成本披露取得成本是远远不够的，不能真实反映矿产资源的储量信息。

第二，“储量认可法”报告模式。美国证券交易委员会认为美国财务会计准则委员会采用的成果法和完全成本法都没有提供石油天然气生产企业的足够的财务状况和经营成果信息，因此于 1978 年 8 月提出了新的会计方法——储量认可法（RRA）

以完全取代之前的成果法和完全成本法。该方法以已探明储量估价为基础，以反映预计探明储量的数量增加和预计探明储量的价值变动。这一反映以现行价格和10%的折现率进行。该方法要求石油天然气公司披露如下信息：已探明石油天然气储量和未来现金流量。未来现金流量应按照与企业相关的已探明储量每年年底的价格计算。这就表明储量认可法既要报告石油天然气资产的价值，也要报告石油天然气资产价值的变动。

储量认可法要求单独披露导致未来现金流量变化的因素，具体包括：与未来生产有关的销售和转移价格以及生产成本的变化净值；预计未来开发成本的变动；各期生产石油天然气的销售和转移；由矿区的扩展、新发现和采收率的提高产生的变化净值；合理的矿产资源的采购和销售的变化净值；由于数量估计的修正导致的变化净值；发生在各期以前估计的开发成本；折现的增加；所得税的变化净值以及其他因素引起的变动。

第三，"历史成本+储量+储量价值"模式。美国财务会计准则委员会发现美国证券交易委员会的披露要求给石油天然气生产企业带来了沉重的负担，会带来不必要的复杂化，并不能相应地增进财务报表对使用者的有用性，而且其他一些通常被认为是有用的信息却没有提供。因此，美国财务会计准则委员会于1982年发布了SFAS No.69，采用"历史成本+储量+储量价值"模式，暂时解决了矿产资源会计信息提供过程中出现的可靠性和相关性矛盾。这种以历史成本为基础，以储量和储量折现价值为补充的信息披露方法，在美国一直延续至今，甚至影响了全世界的矿产资源行业大型企业，这种信息披露模式几乎成为全世界矿产资源企业普遍遵守的公认会计原则。

6.2.1.3 我国采掘业上市公司信息披露现状

截至2011年12月31日，我国上市采掘业公司共162家，其中石油类22家，煤炭采选类38家，钢铁行业38家，有色金属行业64家。石油天然气公司的信息披露遵循《企业会计准则第27号——石油天然气开采》的披露要求。披露的信息主要有：公司简介，会计数据和财务指标摘要，股本变动及股东情况，董事长报告，业务回顾，管理层对财务状况和经营结果的讨论及分析，重要事项，关联交易，公司治理结构，股东大会情况介绍，董事会报告，监事会报告，董事、监事、高级管理人员和员工情况，石油天然气储量资料，国际核数师报告，按中国《企业会计准则》编制的财务报表和按国际财务报告准则编制的财务报表，公司信息，备查文件及董事、高级管理人员书面确认。尤其是对油气储量年初、年末数据，矿业权的取得、摊销，油气勘探和油气开发各项支出的总额进行了详细的披露，但未披露储量价值信息。

非油气采掘业上市公司信息披露则五花八门，没有统一的规范，很多公司都没有披露拥有的探矿权、采矿权数量及已探明的储量情况，导致公司间的信息不可比，不能真实反映矿山企业的财务状况和经营成果。在162家公司中，有81家公司详细披露了拥有矿业权的金额，其中75家公司按探矿权和采矿权分别披露原值、累计摊销、账面净值、减值准备及累计折旧，6家公司将探矿权和采矿权合并披露，如吉恩镍业、中金黄金、中石油、中金岭南、云南铜业以及神火股份。有的公司将探矿权和采矿权计入无形资产披露，有的则计入其他非流动资产，如攀钢钒钛、宝泰隆在其他非流动资产中披露了探矿权。披露未探明矿区权益的公司有2家，即兖州煤业和东方锆业。披露地质成果的只有章源钨业，在其他非流动资产中披露，西部矿业在无形资产中披露。

披露矿业权取得方式的公司有61家，未披露的有44家。披露资源储量的公司有10家，分别为江西铜业、贤成矿业、盘江股份、中金黄金、中国神华、中国石油、国投新集、攀钢钒钛、河北钢铁、辰州矿业。106家公司披露了矿业经营过程中的主要风险及应对措施。对勘探成本支出处理，凌钢股份、江西铜业、百花村、西部矿业、中石油、紫金矿业、国投新集、中色股份、西藏矿业、云铝股份以及章源钨业披露了发生的勘探成本，但对勘探成本的处理也不尽相同，有的计入“无形资产”项目、有的计入“长期待摊费用”项目、有的计入“在建工程”“其他非流动资产”项目，但也有单独设置“勘探成本”项目核算的，如江西铜业。

6.2.1.4 *矿业权流转信息披露模式*

矿业权流转信息的披露要符合一定的目标要求，使财务报告使用者能依此评价：企业拥有矿业权资产的价值；这些矿业权资产对企业当期财务业绩的影响；拥有矿业权相关的不确定性和风险的性质和程度。为了满足这些目标，使财务报告使用者做出关于采掘活动的投资决策，建议披露更多的信息，包括披露储量、公允价值计量（如果资产以公允价值计量）、生产收入、成本（勘探成本、开发成本、生产成本）。

第一，储量披露。能够获得主体经济开采的矿产和石油天然气储量信息对了解主体的财务状况和产生未来现金流量的能力是非常重要的。矿产和石油天然气储量包括已探明储量和可能储量，披露已探明储量和可能储量是主体提供信息的最低水平，因为它们通常是采掘活动主体经营管理的重点，所以主体应披露已探明储量和可能储量，可以分别披露，也可以合并披露。

一些投资者可能更希望主体披露已探明储量和可能储量更多的信息，如临近地区矿产和石油天然气储量的信息，邻近区域的资源储量信息更显著地影响投资决策，因为资源储量是其主要资产，一些大型矿产和石油天然气主体通常应能够通过寻找和开发新的产权区域或在现有产权区域获得利益。归属于主体的矿业权资产是指那些主体有强制权利开采的矿产石油天然气储量，这些强制开采权可以以现金支付获取，也可以是交换非现金资产获得，无论哪一种类型的支付，都应作为主体的矿业权资产来处理。主体通过拥有矿业权而控制的基本储量应包括在披露的储量中。如果一个主体通过收购合并等方式拥有子公司、联合安排的权益，这些子公司的储量是否应该包括在主体的储量信息披露之中？本书认为应根据主体控制的储量来披露。因此，披露的信息应包括既属于母公司的储量，也包括属于子公司的储量及联合权益安排的储量。因此，储量披露可扩大到：权益法下的投资，如非主体控制下的有重要影响的联合投资；股票投资，根据 IAS 39“金融工具：确认与计量”来核算。被投资方的储量披露与投资主体应分开来披露，明确主体权益的性质。如果是主体持有风险分担安排或参与产品分成合同，则在披露时应区分是属于产品分成合同的储量还是属于以风险分担安排的储量。

储量进行分类披露。不是所有的储量都是一样的，由于地质、地理或地缘政治的特点，储量估计的风险和不确定性程度不一样，需要分类披露以确定受不同风险和不确定性影响的储量。对有共同风险和不确定性的其他储量估计在高层次如国家或地区基础上的列报可提供足够有用的信息。一是按商品类型分类。不同的商品通常有不同的风险，随着矿产资源的开采和加工，商品的价格风险很显著。因此，首要工作是让投资者知道商品的储量，将矿产资源和石油天然气及油砂储量分别披露。我国目前的采掘业公司中基本是按商品类型分别披露，然而也有一些石油天然气开采企业将二者汇总披露，如根据桶油当量披露石油天然气储量，但石油天然气受不同市场风险的影响，应分别予以披露。二是按地理分类。这个分类应在对主体有重要意义的不同风险的基础上确定。最好是按每个产权区域披露储量以反映每个矿区或油气田的不同地质风险。

储量估计方法应在财务报告中予以披露。储量估计是矿产资源产品的数量估计，为了计算储量，要求有地质、技术和经济因素有关的估计和假设，包括数量、等级、生产工艺、回收率、生产成本、运输费用、商品需求、商品价格和汇率等。由谁来做出估计也应披露，包括这个人的资格和经历。储量估计是基于一些假设的，因此还应披露用于储量估计的主要假设和敏感性分析。这些假设包括价格假设、折现率、生产概况和成本假设。

第二，价值基础信息。储量披露对预计主体经济可采矿产资源和石油天然气数量是有用的，但不能提供这些储量的未来现金流入量的迹象。以公允价值或其他现值计量矿产和石油天然气资产可提供这些信息。如果主体矿产和石油天然气资产的价值基于公允价值计量原则，则应披露矿产和石油天然气资产公允价值的估计范围。

现值计量。如果主体储量是采用未来折现现金流量计量，应披露已探明和可能储量的现值计量信息。已探明储量和可能储量表示主体在当前批准开发的基础上经济可采储量的最佳估计。但没有考虑可能存在于这些产权区域中的任何未来开发或勘探潜力。已探明或可能储量基础上的估值也符合储量披露要求。FASB 对石油天然气的披露仅限于已探明储量，这不适合于矿产类行业中，因为有一些矿藏只满足可能储量的分类。现值将使用贴现现金流量技术来计量。披露价值信息时，先应考虑：一是主要假设的解释；二是计量主要组成部分的细分，包括未来产品收入、未来经营和开发支出（如果可能应分别列报）、未来特许权使用费和税收支出、贴现的影响。具体披露现值计量时，应对本年度和上年度现值变化予以解释，现值变化的重要原因包括商品价格、经营成本、开发成本、税收和特许权使用费、折现率和折扣的增加。理想情况下，应为每个地区提供现值计量的补充储量披露的信息。

公允价值计量。如果主体矿产和石油天然气资产的价值基于公允价值计量原则，则应披露如下信息：一是报告日公允价值的计量。二是公允价值层级。矿产和石油天然气资产的公允价值估计是基于重大的不可观察参数，因此公允价值计量一般认为是公允价值的第三级。三是在公允价值计量估计中使用的重要假设的披露，包括商品价格假设和折扣率假设。四是公允价值计量的期初余额和期末余额的调整，分别披露会计期间发现或扩展、由于地质因素对以前估计的修正、商品价格因素或其他经济因素、矿产和石油天然气产品生产、矿业权资产的购买、矿业权的转让等变化。五是如果将一个或更多的参数改变为合理可能的替代假设，将显著地改变公允价值。主体应该说明这一事实和披露这些变化的影响。六是估计技术变化。

第三，产品收入。光披露储量和价值是不够的，投资者也会关心从这些储量中能获得多少收入，这些资产是销售给第三方还是通过中介机构转移给主体的下游经营业务，即关联交易。这种分别披露信息有助于投资者评价主体的正常销售和关联交易销售。产品收入披露一般需要按商品类别分别列报，这是因为大部分商品价格由国际市场决定，而不是由国内因素决定。如果商品价格受当地市场条件影响，则可按地理区域披露。在财务报告中，产品收入应披露以下内容：一是生产量。这可以帮助投资者确定主体产品销售的平均价格。二是生产现金流量。这给投资者提供了洞察主体实现的边际利润。

第四，勘探、开发和生产的现金流量。披露当期和上期产生的勘探、开发和生产现金流量信息可用于评估主体的业绩，比如这种现金流量信息披露可帮助投资者计算主体每单位产品的现金成本。勘探、开发和生产现金流出量的披露应在一段时期作为时间序列来提供。这种信息应与储量披露一致。

6.2.2 土地流转的信息披露

在土地流转过程中，会计需要披露两个信息，一是土地使用权的价值，即未来现金流量的现值；二是流转的收益。土地产权流转信息必须真实地、公允地、充分地予以披露，以引导土地投资者正确做出投资决策，而这正是会计反映与控制土地产权价值运动过程的核心内容。

一个公开交易和公平竞争的市场首先要保证的是交易双方拥有充分而对等的信息，没有充分的决策信息就谈不上自由交易和对等谈判，而任何一方主宰信息或比另一方拥有更多信息都会破坏交易的公平和公正。

因此，会计作为信息披露的工具之一，就是要最大限度地减少土地流转信息的不对称，让土地流转方和受让方都获得充分相关的信息。土地流转信息应通过一定的媒介，如网站、报刊、交易平台对外公布，公布的内容包括流转双方的财务状况、经营成果、土地宗地位置、土地面积、使用权年限、土地属性、付款方式等信息。

6.2.3 租赁业务的信息披露

6.2.3.1 租赁业务的信息披露质量分析

现行各国会计准则对租赁的信息披露都做出了详细的规定，但内容不尽相同。国际会计准则委员会要求进行如下披露：一是承租人应在资产负债表中单独确认融资租赁资产金额；二是承租方应披露融资租赁最低租赁付款额；三是承租方在损益表中报告的经营租赁租金支出；四是经营租赁出租人应披露每类租赁资产的金额及累计折旧；五是出租方应披露租赁投资总额、未实现融资收益和未担保余值。

美国租赁会计准则要求承租人进行如下披露：一是对租赁业务的一般描述，包括或有租金支付的依据、租赁合约中的条款等；二是关联租赁业务；三是与融资租赁相关的事项，包括融资租赁资产类别和金额、最低租赁付款额总额、每年将支付的最低租赁付款额、未确认融资费用以及摊销情况、融资租赁资产的累计折旧、或有租金等；四是与经营租赁相关的事项，包括经营租赁承诺、支付的租赁款项等。同时，美国租赁会计准则要求出租人进行如下披露：一是对租赁的总体描述；二是关联租赁业务；三是关于销售租赁和融资租赁相关的事项，包括最低租赁收款额和或有租金等；四是关于经营租赁事项，包括已租出资产的账面价值，最低租金收入和或有租金等。

我国《企业会计准则第 21 号——租赁》规定承租人进行如下披露：一是融资租赁资产的期末原值、累计折旧，账面净值；二是融资租赁承租人应将最低租赁付款额按长期负债和流动负债分别列示，长期负债计入“长期应付款”项目，流动负债计入“一年内到期的长期应付款”项目；三是在附注中披露未来三年每年将支付的最低租赁付款额以及以后年度将支付的最低租赁付款额总额；四是未确认融资费用以及摊销方法；五是经营租赁承租人应在附注中披露经营租赁承诺总额以及以后年度将支付的不可撤销经营租赁的最低租赁付款额总额。《企业会计准则第 21 号——租赁》规定出租人进行如下披露：一是出租人应将融资租赁最低租赁收款额减去未实现融资收益的差额，计入“长期应收款”项目；二是在附注中披露融资租赁连续三个会计年度每年将收到的最低租赁收款额以及以后年度将收到的最低租赁收款额总额；三是融资租赁未实现融资收益及摊销方法；四是售后租回交易；五是经营租赁出租人应当披露各类租出资产的账面价值。

本书的研究基于我国上市公司披露的财务报表进行分析，

主要分析租赁业务信息披露的质量。在这方面，大量关于信息披露的质量和透明度方面的变异被提出来。一些有重要租赁投资的公司没有提供详细的报表附注披露。此外，有大量的需要披露的信息未披露，披露信息十分不完整。

本书通过查阅沪深A股以及中小板块上市的2 326家公司的2011年度财务报告数据，搜索关键词“租赁”。搜索发现，目前我国租赁市场主要覆盖在航空运输业、港口水运业、房地产建筑业、电子信息业、电子元件业等行业，其他行业零星分布。根据《企业会计准则》披露的租赁信息也不多，进行大样本实证研究存在现实困难。表6.1中的面板数据汇总了样本选择的过程，表6.2显示上市公司租赁业务披露内容。对样本公司信息披露的审查，显示了信息披露质量和透明度的变化相当大。从表6.2租赁业务披露的项目来看，披露的2 326个样本中，披露经营租赁的公司数量最多，达到210家，占样本总数的9.03%；132家公司披露了融资租赁租入固定资产，占披露公司的5.67%，融资租入固定资产的均值为45.61亿元，最大值为449亿元，最小值为0.11亿元。这意味着租赁活动应用不太广泛。同样，这意味着会计准则制定者可更多地行使租赁披露的自由裁量权，即允许某些租赁公司提供很少的或者详细的信息。

当前信息披露质量与公司是不对称的。对房地产建筑行业和航空业来说，经营租赁也是非常重要的经济业务，却没有在资产负债表内确认。根据新的租赁会计模式，如果经营租赁资本化，则可以在更大的范围内提供详细的信息披露。

表 6.1　　上市公司租赁业务披露样本选择

样本选择	公司数量（家）	
租赁样本数量	2 326	
行业名称	公司数量（家）	占比（%）
机械行业	186	8.00
医药行业	170	7.31
化工行业	155	6.66
房地产类	141	6.06
电子信息	123	5.29
电子元件	122	5.25
输配电气	84	3.61
汽车行业	77	3.31
商业百货	73	3.14
纺织服装	72	3.10
材料行业	68	2.92
通信行业	68	2.92
有色金属	64	2.75
电力行业	56	2.41
水泥建材	54	2.32
工程建设	52	2.24
农牧饲渔	52	2.24
食品行业	46	1.98
塑胶制品	39	1.68
综合行业	39	1.68
煤炭采选	38	1.63

表 6.1（续）

行业名称	公司数量（家）	占比（%）
钢铁行业	38	1.63
家电行业	37	1.59
港口水运	31	1.33
旅游酒店	31	1.33
文化传媒	31	1.33
公益事业	30	1.29
酿酒行业	30	1.29
造纸印刷	30	1.29
仪器仪表	29	1.25
化纤行业	28	1.20
玻璃陶瓷	27	1.16
交运物流	25	1.07
交运设备	23	0.99
券商信托	23	0.99
石油行业	22	0.95
国际贸易	20	0.86
高速公路	18	0.77
工艺商品	18	0.77
木业家具	17	0.73
银行类	16	0.69
航空航天	10	0.43
航空类	9	0.39
保险行业	4	0.17
合计	2 326	100

注：租赁样本选择 2 326 家。

表 6.2　　上市公司租赁业务披露内容

租赁业务披露内容	披露公司的数量（家）	披露公司的比例（%）
租赁政策	2 326	100
融资租入固定资产	132	5.67
经营租赁租出固定资产	210	9.03
融资租赁最低租赁付款额	132	5.67
未确认融资费用	132	5.67
融资租赁最低租赁付款额净额	132	5.67
一年内到期的长期应付融资租赁款	132	5.67
应付融资租赁款	132	5.67
融资租赁最低租赁收款净额	132	5.67
经营租赁承诺	210	9.03
未实现融资收益	30	1.29
经营租赁收益	245	10.53
经营租赁费	712	30.61
支付的经营租赁款	227	9.76
支付的融资租赁款	171	7.35
关联租赁交易	726	31.21
或有租金	6	0.26

研究发现所有的公司都在财务报表附注中的“公司的基本信息”中披露了租赁会计政策。没有一家公司披露经营租赁租入资产金额以及经营租赁资产折旧金额。726 家公司披露了关联租赁的信息，如郑州煤电（600121）在 2011 年财务报告中披露的关联租赁情况如下：

a. 公司出租情况表（见表 6.3）。

表 6.3　　　　　　**郑州煤电公司出租情况表**

出租方名称	承租方名称	租赁资产种类	租赁起始日	租赁终止日	租赁收益定价依据	年度确认的租赁收益
郑州煤电	郑州煤炭工业（集团）有限责任公司	专项设备	2011.01.01	2011.12.31	市场价	181 万元
郑州煤电	郑州煤炭工业（集团）有限责任公司	房屋	2011.01.01	2011.12.31	市场价	2 437 万元

b. 公司承租情况表：无。

经营租赁承诺所属行业及数量如图 6.1 所示，融资租入固定资产所属行业和数量如图 6.2 所示。表 6.4 为融资租赁资产以及融资租赁租入固定资产占总资产的比例的描述性统计情况。

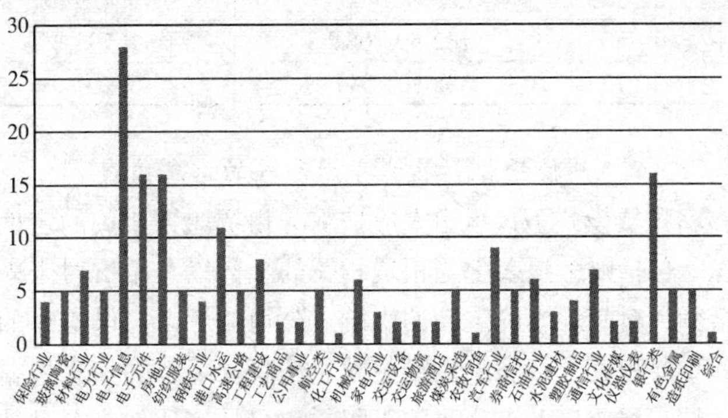

图 6.1　经营租赁承诺分布情况

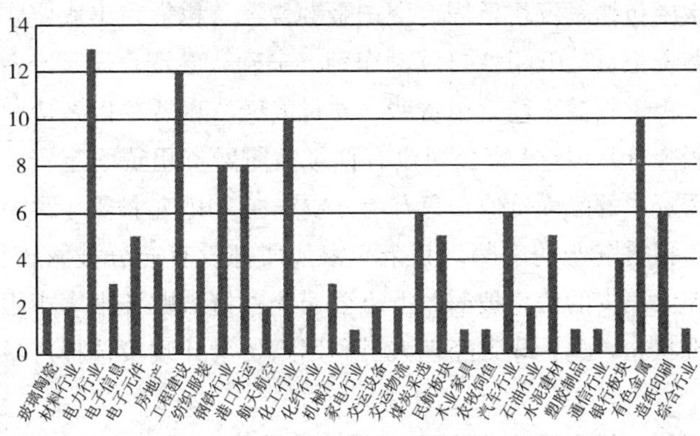

图 6.2　融资租入固定资产分布情况

表 6.4　融资租赁租入资产总额及融资租赁租入资产占总资产的比例

统计量

		融资租赁租入固定资产	融资租入固定资产占总资产的比例
N	有效	132	132
	缺失	—	—
中值		162 595 054. 38	1. 792 3%
极小值		15 396. 00	0. 000 9%
极大值		44 927 000 000. 00	51. 590 9%
百分位数	25	32 917 465	0. 429 9%
	50	162 595 054	1. 792 3%
	75	538 135 977	5. 207 9%

6. 2. 3. 2　“使用权”模式下承租人的信息披露

在新租赁模式下，承租人应披露与租赁业务相关的定性和定量信息，包括财务报表中与租赁相关的金额以及租赁对未来现金流的金额、时间、不确定性的影响。公司应考虑提供信息的详细程度和重要程度，以满足披露要求。从我国现有的信息披露情况来看，航空类 4 家上市公司关于租赁信息披露比较充分，披露的信息主要包括融资租赁固定资产金额，经营租赁租出固定资产金额、融资租赁最低租赁付款额净额、未确认融资费用、经营租赁承诺、租赁收益、经营租赁费、支付的融资租赁款以及应付经营租赁租金等。但这4 家公司没有详细披露融资租赁固定资产和经营租赁资产的账面价值。只有南方航空在 2010 年披露了融资租赁和经营租赁资产的净额，其余 3 家公司都没有充分披露该信息。通过提供很少的信息披露，上市公司能够掩盖财务报表中报告偏差的现状和影响，导致经理人员利用租赁会计政策选择产生盈余管理。

现行租赁会计准则未将经营租赁付款额计入资产负债表内，

而是作为表外附注披露。在“使用权”模式下，应将经营租赁付款额资本化计入资产负债表内。笔者翻阅上市公司年报，其中在报表附注中披露经营租赁承诺数据的公司有210家，样本中16家银行全部利用经营租赁融资。银行利用经营租赁的动机主要是租赁网点办公。同时，银行更热衷于从事融资租赁业务，相对于经营租赁可加速收入的确认。相比之下，化工行业、农牧饲渔很少采用经营租赁，各为1家公司。房地产建筑行业公司193家样本中，主要利用自行开发的商品房提供出租，这属于投资性房地产出租，因此排除在样本之外，真正利用经营租赁租入的只有16家公司。如果将公司在其财务报表附注中披露的经营租赁承诺资本化为资产，会对资产或负债产生什么影响呢？为了简化起见，采用前述4家上市航空公司的平均资本化率90.7%（见表6.5）。[①]

表6.5　2009—2011年4家上市航空公司的平均资本化率

证券代码	股票名称	年份	经营租赁承诺（亿元）	增加的负债（亿元）	资本化比例（%）	平均资本化率（%）
600029	南方航空	2011	251.39	221.78	88.22	90.70
		2010	259.77	235.46	90.64	
		2009	303.66	255.77	84.23	
600115	东方航空	2011	244.79	226.23	92.42	
		2010	271.62	249.94	92.02	
		2009	151.90	140.04	92.18	
600221	海南航空	2011	89.19	74.05	83.03	
		2010	102.76	88.63	86.24	
		2009	84.93	73.80	86.89	
601111	中国国航	2011	153.28	148.01	96.56	
		2010	168.00	163.30	97.20	
		2009	138.29	136.62	98.79	

由于利用经营租赁融资的公司分布非常分散，按行业不好

① 为了简化起见，经营租赁资本化采用航空公司的平均资本化率90.7%。

统计，因此选择房地产建筑类、采掘类（含石油行业、有色金属、钢铁行业、玻璃陶瓷）、银行类和航空类公司，共计59家。表6.6、表6.7和表6.8给出了这59家样本公司的描述性统计。

基于对样本公司与租赁相关信息披露的详细审查，有三个方面的结果：经营租赁承诺、经营租赁资本化以及经营租赁资本化后对公司总资产的影响。

表6.6 经营租赁承诺 单位：亿元

行业	公司数量（家）	最小值	Q1值	中位数	Q3值	最大值
房地产、建筑类	22	0.002 5	0.078 7	1.530 8	3.942 5	27.600 0
采掘业类	17	0.015 76	0.079 18	2.647 5	22.571 0	2 650.000 0
银行类	16	8.240 0	19.081 0	59.450 0	89.054 0	179.000 0
航空类	4	89.200 0	95.427 0	199.030 0	226.510 0	251.000 0

表6.7 经营租赁资本化 单位：亿元

行业	公司数量（家）	最小值	Q1值	中位数	Q3值	最大值
房地产、建筑类	22	15.400 0	60.665 0	259.750 0	955.660 0	5 060.000 0
矿业类	17	0.014 3	0.079 2	2.401 3	22.571 0	2 400.000 0
银行类	16	7.470 0	19.081 0	53.921 0	89.054 0	162.000 0
航空类	4	80.900 0	95.427 0	180.520 0	226.510 0	228.000 0

表6.8 资本化经营租赁资产占总资产的比例

行业	公司数量（家）	最小值	Q1值	中位数	Q3值	最大值
房地产、建筑类	22	0.000 1	0.000 367	0.001 958	0.016 110	0.094 3
矿业类	17	0.000 1	0.001 144	0.005 055	0.039 833	0.212 5

表6.8(续)

行业	公司数量(家)	最小值	Q1 值	中位数	Q3 值	最大值
银行类	16	0.000 1	0.001 239	0.002 246	0.002 783	0.003 9
航空类	4	0.080 0	0.085 000	0.140 000	0.195 000	0.200 0

如上所述，在“使用权”模式下，将资产负债表外的经营租赁承诺资本化计入表内。表 6.6 披露了经营租赁承诺的分布情况，在这些公司中，22 家房地产建筑企业、17 家矿业企业、16 家银行企业、4 家航空公司提供了不可撤销租赁下未来经营租赁承诺。假定按照国际会计准则委员会讨论的结果，将经营租赁承诺资本化，计入公司的资产或负债中，则资本化的经营租赁资产见表 6.7，房地产、建筑类中的最大值为 5 060 亿元，最小值为 15.4 亿元，中位数为 259.75 亿元。表 6.8 披露的是资本化经营租赁资产占总资产的比例，房地产、建筑类中的中位数为 0.001 958。只有 4 家公司的比例超过了 10%，中石化为 21.25%，东方航空为 19.79%、南方航空为 17.64%，中国铝业为 12.83%。预期资本化影响将是这些公司中最大的。披露和未披露公司之间的区别统计差异显著，我国租赁活动不多，从而导致披露不充分。

经营租赁承诺资本化后，未来支付租金的负债被列为资产负债表的其他负债进行处理。同时，将应付最低租赁付款额减去未来期间的利息费用（未确认融资费用）确认为一项资产。这种情况反映了最大可能增加资产负债率。所有企业的杠杆都会增加。总之，我们得出结论，消除经营租赁分类对承租人的资产负债表有较大的影响。

6.2.3.3 “使用权”模式下出租人的信息披露

在新模式下，出租人也应披露与租赁业务相关的定性和定量信息。会计主体应考虑满足披露要求的详细程度和重要程度。相比之下，现行会计准则中的披露要求更具体些。例如，FASB 于 1976 年发布的 SFAS No.13 要求更详细的披露，认为租赁（不包括杠杆租赁）是出租人经营活动中收入、净收益和资产的重要组成部分。SFAS No.13 对融资租赁出租人在什么情况下可以提供更详细的信息披露，提出了一种可操作性的披露方式。SFAS No.13 要求出租人披露如下信息：一是租赁净投资的组成，包括未来收到的最低租赁收款额、执行成本、坏账准备、未担保余值、初始直接费用以及未实现的收入；二是未来五年中每年将收到的最低租赁收款额。

现行会计准则关于出租人的信息披露是最佳的披露方式，因此在遵循新模式披露要求时，出租人仍可遵循 SFAS No.13 的披露要求。但出租方的管理人员在进行出租业务的信息披露时，仍有动机提供更少的信息披露，选择某种相关的租赁会计政策进行盈余管理，如对无法收回的应收租赁款以及剩余价值进行盈余管理。盈余管理的动机是有据可查的。例如，管理人员面临分析师的盈利预测压力，经理人员也可能面临着按绩效考核对公司的盈利分红提成。通过提供不充分的信息披露，出租人可以掩盖存在于财务报表中的瑕疵，只对外提供漂亮的财务信息。

我国要求租赁公司的信息披露执行商业银行财务报表格式和附注的规定，而我国目前只有渤海租赁公司上市，因此本书以渤海租赁公司为例分析出租人的信息披露。下面的摘录是从渤海租赁公司的 2011 年年报中提取出来的。

租赁附注摘录

渤海租赁是我国目前唯一一家主营出租业务的上市公司。渤海租赁股份有限公司的前身是新疆汇通（集团）股份有限公司，2011 年经过资产重组之后，变更为“渤海租赁”。表 6.9 显示渤海租赁公司的融资租赁收入总额。

表 6.9　2011 年渤海租赁公司的融资租赁收入总额

单位：亿元

长期应收款项目	2011 年 12 月 31 日	2010 年 12 月 31 日
融资租赁收入总额	179. 68	120. 75
减：未实现融资收益	57. 77	51. 70
加：未担保余值	3. 46	3. 46
融资租赁	125. 37	72. 51
合计	125. 37	72. 51

表 6. 10 为渤海租赁公司 2011 年的融资租赁固定资产情况，主要是房屋及建筑物、机器设备。

表 6. 10 2011 年渤海租赁公司融资租赁固定资产情况

单位：亿元

项目	年初数	本期增加	本期减少	期末数
融资租赁项目	—	61. 35	61. 35	—

表 6. 11 为渤海租赁公司主营业务收入和成本情况。营业收入本期发生额较上期增加 4. 92 亿元，增长 85. 24%，主要系天津渤海本期新增融资租赁项目租金收入所致；营业成本本期发生额较上期增加 2. 86 亿元，增长 1. 02 倍，主要系天津渤海本期新增融资租赁项目借款利息支出所致。

表 6. 11　2010—2011 年渤海租赁公司主营业务收入和成本情况

单位：亿元

项目	2011 年	2010 年
营业收入	10. 69	5. 77

表6.11(续)

项目	2011 年	2010 年
其中：主营业务收入	10.69	5.65
其他业务收入	—	0.12
营业成本	5.67	2.81
其他业务支出	—	—

此外，渤海租赁公司在销售费用和管理费用中分别披露了2010—2011 年租赁费的金额，如表 6.12 和表 6.13 所示，关联租赁情况如表 6.14 所示。

表 6.12 2010—2011 年渤海租赁公司销售费用中的租赁费用金额

单位：万元

项目	2011 年	2010 年
销售费用	781.31	314.20
其中：租赁费	122.69	1.83

表 6.13 2010—2011 年渤海租赁公司管理费用中的租赁费用金额

单位：万元

项目	2011 年	2010 年
管理费用	5 619.42	4 289.51
其中：租赁费	163.91	136.15

表 6.14　　　　　　关联租赁情况　　　　　单位：万元

出租方名称	承租方名称	租赁资产种类	租赁起始日	租赁终止日	租赁费定价依据	本期确认的租赁费
海航天津中心发展有限公司	天津渤海租赁有限公司	租赁房产	2010. 7. 15	2013. 7. 14	协商定价	157. 13
海航天津中心发展有限公司	天津渤海融资担保有限公司	租赁房产	2010. 11. 26	2013. 11. 25	协商定价	109. 96
芜湖市建设投资有限公司	皖江金融租赁有限公司	租赁房产	2011. 10. 1	2013. 9. 31	协商定价	10. 53

6.3　产权流转的风险披露

产权流转面临各种各样的风险，产权人需要加强风险管理，进行风险分析，以降低风险。产权流转风险管理主要是识别、消除产权流转中的不利因素，将风险降到最低。在全球金融危机背景下，如何控制产权流转的风险成为我国监管部门和企业共同面临的问题。

6.3.1　风险信息披露的规范

在财务报表中详细披露产权流转风险，使流转双方获取充分的信息，从而做出最优决策，是会计信息披露要做的工作。任何一个会计主体都负有社会责任，要将公司未来发展过程中面临的风险报告给投资者、债权人等外部信息使用者。外部信息使用者通过阅读公司的财务报告，可了解公司的风险状况，从而做出正确的投资决策。美国证券交易委员会于 1997 年 1 月颁布了财务报告披露准则第 48 号“市场风险——定性和定量的披露”，要求上市公司将风险信息放在“管理层的讨论与分析”中进行总体披露，但也不排除在附注中披露金融工具风险。对风险信息的描述一般采用定性描述和定量描述相结合的方式。定性风险信息的披露内容应当包括产权流转的目的、管理风险和动机，与产权流转相关的风险管理制度、程序及重大变化，风险种类及内容的描述，相关的应急处理程序和管理政策，公允价值的级次、假设和取得方式。定量风险描述则应包括整体风险的计量、风险敞口、风险压力测试、敏感性分析等。我国会计准则或制度没有统一风险信息的披露规定，大部分信息在董事会报告中披露，也有一部分在内部控制、公司治理或会计报表附注中披露，造成风险披露凌乱分散，给报告使用者的阅读带来了不便。

如果在产权流转过程中，风险管理不到位，导致问题出现，将使公司背上沉重的包袱。鉴于此，我国应参照美国及国际上风险管理的先进经验，在产权流转中全面推行风险管理，制定风险披露相应规范。

年度报告、中期报告、上市公告、招股说明书以及其他临时公告是上市公司披露风险信息的载体。2006 年，上海证券交易所和深圳证券交易所相继发布了内部控制指引，旨在提高上市公司风险管理水平，保护投资者的合法权益，但目前的风险信息披露仍不规范，没有发挥应有的保护作用。我国发布的《企业内部控制基本规范》将信息披露从自愿性披露向强制性披露过渡，逐步与国际信息披露接轨。风险管理要想达到理想状态，应统一规范风险管理制度和风险披露的位置，将风险分析和风险对策分开披露，文字表达要清晰、不含糊，应结合采用定量与定性描述风险信息。

6.3.2 我国上市公司产权流转风险信息的披露现状

本书选择在沪深两市上市的采掘业（包括石油类板块、有色金属板块、钢铁板块和煤炭采选板块）、房地产建筑类（包括房地产板块和工程建设板块）和航空类364家上市公司的2011年年度报告为研究对象，其中，采掘类上市公司162家，民航类9家，房地产建筑类193家，选取这364家公司是基于产权流转。其中，92家公司未披露产权流转的风险信息，1家公司的年报无法复制下载，因此我们的样本为271家，样本分布情况如表6.15所示。

表6.15 样本公司产权流转风险披露情况及行业分布

行业	公司数量（家）	百分比（%）
房地产建筑类	143	52.77
采掘类	119	43.91
民航类	9	3.32
合计	271	100.00

为了获取样本公司的风险信息，本书在深圳证券交易所和上海证券交易所网站下载三类公司2011年年度财务报告，在年报中输入关键词“风险”，逐页查找与风险相关的信息，包括“公司面临的风险和对策”“风险控制与评估”“可能对公司未来发展战略和经营目标的实现产生不利影响的风险因素分析与应对”“未来发展的风险提示及应对措施”“公司面临的主要风险的识别与分析”“金融风险管理”等风险披露信息。风险信息披露的详细程度通过统计风险描述的字数来反映，按风险分析和风险对策分别统计。从统计结果来看，我国现阶段上市公司风险信息披露程度的整体水平比较低，但近年来有明显上升的趋势，披露中仍然存在一些问题。具体披露问题如下：

第一，风险信息披露位置不统一。从查询的结果来看，238家公司在附注中的“董事会报告”中披露风险。其中，145家公司在“董事会报告”中设置“管理层讨论与分析”来披露风险；100 家公司在“未来展望”中披露风险；6 家公司在“公司主营业务范围及其经营状况”中披露风险；2 家公司在“新年度的经营计划”中披露风险；1 家公司在“董事会”下的“内部控制”中披露风险。有的公司在“董事会报告”中直接设置“风险因素及应对措施”项目来披露风险；有的公司在“应当披露的其他事项”中披露风险，如日上集团公司；9 家公司在“公司治理结构”中披露风险信息；28 家公司在“内部控制”中披露风险信息；4 家公司在“公司治理”下设置“内部控制部门”披露风险；26 家公司在附注中披露风险信息，在报表附注中披露的信息主要是金融工具风险信息。有 1 家公司在财务报告附注中单独设置“管理层讨论与分析”来披露风险信息情况。其余的公司没有规定，比较随意。从三类公司来看，房地产建筑类和采掘业类公司一般在“董事会报告”中披露风险。采用租赁业比较多的民航业公司一般在附注中披露金融工具风险。

就管理层讨论与分析来看，有的公司直接设置章节披露信息；有的公司放在“董事会报告”中；有的公司在“公司经营情况的回顾”下设置“管理层讨论与分析”项目（这样的公司有 2 家）；有的公司在“管理层讨论与分析”下设置“报告期内公司经营情况回顾”来披露信息（这样的公司有 5 家）；有的公司在“管理层讨论与分析”下设置“对公司未来发展的展望”项目披露风险（这样的公司有 77 家）；有的公司在“公司未来发展展望”下设置“管理层对所处行业的讨论与分析”来披露风险（这样的公司有 2 家）。总之，风险信息披露方式比较混乱，没有统一的标准。风险信息披露位置分布如表 6.16 所示。

表 6.16　　　　　**风险信息披露位置**

行业	管理层讨论与分析	董事会报告	公司治理	内部控制	监事会报告	附注
房地产建筑类	1	125	9	16	—	12
采掘类	—	108	—	10	—	10
民航类	—	5	—	2	—	4
合计	1	238	9	28	—	26

第二，风险披露的内容不统一。从样本公司来看，有的合并披露风险，有的按风险种类披露风险，有的按行业板块或开发项目披露风险。143 家房地产建筑类公司中披露最多的是政策风险，有 88 家，占 45.6%；之后依次为市场风险 69 家，占 35.75%；财务风险 62 家，占 32.12%；经营风险 51 家，占 26.42%；管理风险 38 家，占 19.69%。披露最少的是自然风险和募集资金投向风险，分别为 4 家和 2 家。披露风险对策的有 130 家，占 67.36%。119 家采掘类公司中，披露最多的是经营风险，有 66 家，占 40.74%；其次为市场风险有 64 家，占 39.51%。披露风险对策的有 111 家。采掘业公司除了披露这些常规风险之外，还披露了该行业特有的风险，如探矿及采矿风险（3 家）、安全环保风险（10 家）、金属价格波动风险（16 家）。航空类公司披露了航油价格风险。房地产上市公司没有详细披露土地受让或转让的风险，也没有公司特别披露租赁存在的风险。

第三，风险披露详略程度不统一。上市公司披露风险的方式有三类：第一类是做总体描述，字数较少。第二类是分类别详细披露，字数较多。在董事会报告或内控公司治理中披露风险的有 270 家公司，总体描述的平均字数为 1 188.3 个字，其中最大值为 16 905 个字，最小值为 65 个字，标准差为 2107.22；

进行风险分析的有 244 家公司，样本平均值为 455.63 个字，最大值为 3 423 个字，最小值为 40 个字，标准差为 436.763；披露风险对策的有 223 家公司，样本平均值为 937 个字，最大值为 16 905 个字，最小值为 44 个字，标准差为 2 298.191（见表 6.17）。

第三类是在附注中详细披露金融工具风险管理，这种披露文字非常多，有 45 家公司在附注中披露了金融风险。经描述性统计，样本平均值为 7 639.27 个字，最大值为 34 777 个字，最小值为 626 个字，标准差为 8 043.366（见表 6.18）。

表 6.17　　风险披露的描述统计量

	N	极小值	极大值	均值	标准差
总体风险描述统计量	270	65	16 905	1 188.30	2 107.222
产权流转风险描述统计量	244	40	3 423	455.63	436.763
产权流转风险在附注中披露的描述统计量	223	44	16 905	937.70	2 298.191

表 6.18　产权流转风险在附注中披露的描述统计量

	N	极小值	极大值	均值	标准差
V5	45	626	34 777	7 639.27	8 043.366
有效的 N（列表状态）	45				

第四，风险披露方式有定性描述和定量描述。从 271 家公司来看，243 家公司进行定性描述，分析了风险产生的原因，阐述了风险对公司可能产生的影响和后果，主要使用了诸如“公司面临的风险”“……面临一定的压力”“存在一定的……风

险”“……带来较大影响”“带来的多层面影响”之类的用语。45 家公司采用定性和定量描述相结合的方式，进行定量描述的多为金融工具风险管理，并且在附注中披露，如最大信用风险敞口、信用质量分析、流动性压力测试、利率和汇率敏感性测试等。

6.3.3 产权流转风险信息披露对策

针对目前产权流转风险披露存在的问题，拟提出如下建议：

6.3.3.1 统一产权流转风险信息披露的位置

从样本结果来看，目前上司公司进行风险披露的位置五花八门，没有统一的规范，有的在“管理层讨论与分析”中对风险进行总体描述，有的在董事会报告中进行披露，有的在内部控制制度中进行披露，有的在监事会报告中进行披露，有的在公司治理结构中披露，也有的在附注中披露，但目前在附注中披露的主要是金融工具风险。建议各个公司统一在“管理层讨论与分析”中披露风险，并按类别披露，增加风险信息披露的可比性。

6.3.3.2 增加披露产权流转的风险信息

从样本结果看，房地产公司披露最多的是政策信息，因为国家宏观政策对土地和房地产市场影响非常大，市场风险和财务风险也相对较多。但房地产公司没有披露受让方和转让方的风险。针对这种不足，有土地流转的公司应增加披露受让方和转让方风险。我国上市租赁公司不多，当租赁业务越来越发达的时候，租赁公司上市也会逐步增加，应制定租赁业务的风险披露规范。

产权流转的风险类型比较多，在进行披露时最好分类披露。因为分类披露可以清晰地反映公司风险的构成及各种风险对公司未来收益的影响，使投资者更加清晰地了解公司风险，同时有助于公司自身进行风险管理，采取正确的策略。风险分类还可以增加风险披露的可比性和一致性。

6.3.3.3 针对产权流转不确定性程度大小确定风险披露的详略程度

对风险信息披露时，要从产权流转的不确定性程度考虑，对高度不确定性产权流转应披露更多的信息，以帮助投资者进行决策。对中度不确定性产权流转的信息披露可以减少。低度不确定性产权流转因其不确定性程度较低，投资者能够获得比较多的信息，因此其本身的风险不确定性信息不多。

6.3.3.4 在定性描述的基础上，定量计量风险价值

日益成熟的投资者不满足于定性的风险信息，投资者希望更加清晰地了解公司所存在的风险对公司价值产生的影响，更加希望将这种影响能够具体化、定量化，获取公司在风险管理对策方面更多的信息以便进行风险比较。但目前进行定性描述的比较多，定量计量的较少，并且现有的定量描述主要针对衍生金融工具，建议公司通过计算风险价值来度量风险，可采用敏感性分析、VAR 分析等方法。对风险进行有效计量的公司说明其评估风险的能力较强，能有效地进行风险管理，是投资者值得信赖的公司。敏感度分析可以反映公司受市场不确定性影响的大小，相对简单易行，目前我国主要用于衍生金融工具的风险计量。VAR 分析是在给定的一个置信区间和时间前提下，衡量公司的潜在损失，帮助公司和投资者做出客观的风险评价。

6.3.3.5 增加披露风险管理对策

风险管理对策是在管理层评估了相关的风险之后，所做出的防范、控制、转移、补偿风险的各种对策和措施。如果公司已经知道风险的存在，就要采取相应的对策进行风险管理，以避免风险损失的发生。因此，公司应在披露风险类型和程度的基础上，披露相应的风险管理措施，帮助投资者了解和评估公

司的风险状况以及管理层如何管理各种风险。公司在进行风险管理时，可以采取风险分担、风险规避、风险降低和风险接受等措施。从样本结果来看，绝大部分公司披露了风险对策，但是有的公司披露非常详细，有的公司就非常简单，只用寥寥几十个字就描述了风险管理的对策。在财务报告中披露风险管理对策时，应借鉴国外会计职业团体的先进披露经验，应按类别提出相应的风险管理对策。

6.4 本章小结

本章主要研究不确定性下产权流转的信息披露问题。首先，阐述现行会计准则下矿业权、土地使用权和租赁业务的信息披露规定；其次，针对现行披露存在的问题，提出改进的建议；最后，通过实证研究的方法，阐述矿业权流转、土地使用权流转和租赁业务下风险的披露程度。产权流转的不确定性程度不同，在报表附注中披露的风险和不确定性程度也不相同，实证分析得出结论，不确定性程度越高，要求披露的风险信息越详细。

7 研究结论与展望

7.1 研究结论

本书以价值理论、产权理论、契约理论、不确定性理论以及财务会计概念框架理论为基础，运用规范分析和实证分析相结合的研究方法，选择不确定性的部分产权流转的会计计量与披露为研究对象，并根据部分产权流转不确定性程度的高低，将其分为高度不确定性产权流转、中度不确定性产权流转和低度不确定性产权流转。以公允价值为主线，对产权流转价值的会计计量及信息披露进行了系统的研究，得出以下基本结论：

第一，构建基于不确定性的产权流转会计概念框架体系。不确定性和风险虽有区别，但在实际工作中很难区分，因此本书对二者不进行区分。产权流转过程面临各种各样的风险和不确定性，对主体财务报表的影响程度也不尽相同，如矿业权流转风险最大，租赁业务风险相对较低。因此，本书基于风险和不确定性程度的大小，构建产权流转概念框架体系，包括产权流转会计对象及会计要素的确定，产权流转的确认、计量与信息列报和披露。本书特别提出产权流转会计应以公允价值作为主要计量属性。

第二，高度不确定性产权流转计量：以矿业权为例。我国是公有制国家，矿产资源归国家所有，企业法人组织和公民个人只能勘探和开采矿产资源，拥有部分使用权和收益权。矿业权的流转是价值的流转，根据价值理论和效用理论，探矿权的价值由探矿权有偿取得成本、地勘投入及环境补偿费以及探矿权转让收益和税费构成。采矿权的价值则由内在价值和外在价值构成。其内在价值是大自然的恩赐，是未来收益的现值（超额利润），决定于所获得的矿产资源储量的质和量及其经济效用。外在价值由探矿权价值、国家所有者权能价值和政府管理权能价值构成。有市场就有价值的评估，本书采用 Black - Scholes 期权定价模型对矿业权进行评估。取得的矿业权需根据评估的价值进行计量，本书在比较各国矿产资源会计准则及计量方法的基础上，探讨公允价值在矿业权流转过程的运用，并从受让方和转让方两个角度分析矿业权的会计处理。

第三，中度不确定性产权流转计量：以土地使用权为例。《中华人民共和国宪法》规定，土地所有权归国家及农民集体所有，企业法人组织和公民个人只能使用土地，实行两权分离的土地产权制度。建立在土地制度基础上的产权流转包括出让和转让两种方式，形成我国的土地一级市场和二级市场。一级市场的出让主要采取协议、招标或者拍卖方式，二级市场的流转主要采取在平等主体之间的转让、租赁、抵押、互换、入股、赠与或继承等方式。本书主要探讨二级市场的土地流转，从转让方和受让方两个角度研究土地流转价值的确认与计量，建议采用历史成本和公允价值混合计量土地流转价值。

第四，低度不确定性产权流转计量：以租赁业务为例。租赁业务作为一种新的融资手段在全球得到了迅速的发展，我国已经跃居全球租赁业务的第四大国。租赁是一项关于使用权的契约，从产权理论角度考虑，租赁是出租人转移资产的使用权而不是所有权给承租人，并收取租金的活动。美国、澳大利亚、中国及国际会计准则理事会都发布了单独的租赁准则，并实现租赁业务会计处理的国际趋同。针对现行租赁业务会计处理的二分法存在的弊端，提出租赁会计新模式——“使用权”模式。本书从出租方和承租方两个角度探讨会计处理问题，选择航空运输业的4家上市公司进行研究，分析经营租赁资本化后，对资产、负债以及财务比例的影响，不仅使流动负债和总负债增加，与经营租赁承诺资本化相应的租赁资产也随之增加，流动比率和资产负债率相对于资本化前有提高，经营租赁资本化对收入及股东权益也会产生影响。

第五，不确定性产权流转信息披露。本书主要研究不确定性下产权流转的信息披露问题。首先，阐述现行准则下矿业权、土地使用权和租赁业务的信息披露规定。其次，针对现行披露存在的问题，提出改进的建议。最后，通过实证研究的方法，阐述矿业权流转、土地使用权流转和租赁业务下风险的披露程度。产权流转的不确定性程度不同，在报表附注中披露的风险和不确定性程度也不相同，实证分析得出结论，不确定性程度越高，要求披露的风险信息越详细。本书总结现有的披露经验级存在的问题，提出不确定性产权流转风险信息披露的对策。

7.2 研究展望

本书的研究从产权理论、契约理论、不确定性理论和财务会计概念框架理论出发，对部分产权流转会计问题进行了研究，构建了产权流转会计概念框架体系，提出运用公允价值进行产权流转价值的计量和信息披露，得出了相关的结论，以下一些问题可以进一步研究：

第一，在会计环境成熟条件下，运用公允价值计量模式对产权流转进行确认、计量和报告需要进一步研究。公允价值计量的具体模式尚需进一步明确，如产权流转资产的具体范围、产权流转公允价值的估计、何时初始确认、何时再确认与重新计量、产权流转价值变动如何列报等。

第二，矿产资源、土地资源以及租赁资产的价值评估方法和评估技术与会计计量有联系，但应属于资源经济研究的范围，限于篇幅，在本书中尚未进行相关研究，有待进一步研究。

第三，为了以公允价值计量的产权流转信息取得使用者的信赖，如何审计产权流转的公允价值值得进一步研究。

总之，虽然笔者进行了大量的研究，做出很大的努力，但是在本书的研究和写作过程中，难免存在理论和实务上的不成熟观点以及各种差错和问题，敬请有关学者和读者提出宝贵意见，不胜感谢。

参考文献

[1] 陈洁，龚光明. 土地流转价值计量与风险控制 [J]. 理论探讨，2011 (4)：110-112.

[2] Alchian A A. Some Economics of Property Rights. Economic Forces at Work [M]. Detroit：Liberty Press，1965：816-829.

[3] Merryman J H. The Civil Law Tradition：An Introduction to The Legal System of Western Europe and Latin America [M]. 2nd edition. CA：Stanford University Press，1985：236-239

[4] Daniel H Cole，Peter Z Grossman. The Meaning of Property "Rights"：Law vs Economics [J]. Forthcoming in Land Economics，2000，19 (4)：1-24.

[5] Furubotn E G，Richter R. Institutions and Economic Theory：The Contribution of The New Institutional Economics [M]. MI：The University of Michigan Press，2000：36-37.

[6] Demsetz H. Towards a Theory of Property Rights [J]. American Economic Review，1967，57 (2)：347-359.

[7] North D C. Institutions，Institutional Change and Economic Performance [M]. Cambridge and New York：Cambridge University Press，1990：79.

[8] 伊特韦尔，等. 新帕尔格雷夫经济学大辞典 [M]. 陈岱孙，等，译. 北京：经济科学出版社，1996：9-10.

[9] Barzel Y. Economic Analysis of Property Rights [M]. Cambridge: University Press, 1989: 13-16.

[10] W Nicholson. Micro economic [M]. 5th edition. New York: Dryden Press, 1992: 815.

[11] Furubotn E G, Pejovich S. Property Rights and Economic Theory: A Survey of Recent Literature [J]. Journal of Economic Literature, 1972, 10 (4): 1137-1162.

[12] Demsetz H. The Exchange and Enforcement of Property Rights [J]. Journal of Law and Economics, 1964, 12 (7): 11-26.

[13] P. 阿贝尔. 劳动——资本合伙制：第三种政治经济形式 [M]. 上海：上海三联书店，1994：23-25.

[14] P Schwartz. Patent Life and R&D Rivalry [J]. American Economic Review, 1974, 64 (1): 183-187.

[15] Pejovich S. The Economics of Property Rights: Towards a Theory of Comparative Systems [M]. Dordrecht, Netherlands: Kluwer Academic Publishers, 1990: 27-28.

[16] Alchian A A, Demsetz H. Production, Information Cost and Economic Organization [J]. The American Economic Review, 1972, 23 (5): 777-795.

[17] Yang T. Property Rights and Constitutional Order in Imperial China [D]. Indiana: Indiana University, 1987, 35-39.

[18] Cheung S N S. The Structure of a Contract and the Theory of Anonexclusive Resource [J]. Journal of Law and Economics, 1970, 6 (13): 49-70.

[19] Cheung S N S. A Theory of Price Control [J]. Journal of Law and Economics, 1974, 17 (1): 53-71.

[20] De Alessi L. The Economics of Property Rights: A Review of the Evidence [J]. Research in Law and Economics, 1980 (145):

561-577.

[21] Kivell P. Land and the City: Patterns and Processes of Urban Change [M]. London: Routledge, 1993: 93-122.

[22] Massey D, Catalano A. Capital and Land: Land Ownership by Capital in Great Britain [M]. London: Edward Arnold, 1978: 156-183.

[23] Richard A Posner. Economic Analysis of Law [M]. Boston, MS: Little Brown, 1973: 643-656.

[24] Andrew Reeve. Property [M]. London: Macmillan, 1986: 68-75.

[25] Jaffe A J. On the Role of Transaction Costs and Property Rights in Housing Markets [J]. Housing Studies, 1996, 11 (3): 425-432.

[26] Gary D Libecap. Property Rights in Economic History: Implications for Research [J]. Explorations in Economic History, 1986, 12 (23): 227-252.

[27] De Alessi L. Property Rights, Transaction Costs, and X Efficiency: An Essay in Economic Theory [J]. The American Economic Review, 1983, 73 (1): 64-81.

[28] Walters A A. The Value of Land. In H B Dunkerley, Urban Land Policy: Issues and Opportunities [M]. Oxford: Oxford University Press, 1983: 63-201.

[29] Adams D, Disberry A, Hutchison N, et al. Ownership Constraints to Brown Field Redevelopment [J]. Environment and Planning, 2001, A (33): 453-477.

[30] Zhu J. Urban Development Under Ambiguous Property Rights: A Case of China's Transition Economy [J]. International Journal of Urban and Regional Research, 2002, 22 (1): 41-57.

[31] Anderson Terry L, Hill Peter. The Evolution of Property Rights: A Study of The American West [J]. Journal of Law and Economics, 1975, 18 (1): 163-179.

[32] Umbeck J. The California Gold Rush: A Study of Emerging Property Rights [J]. Explorations in Economic History, 1977, A (14): 197-226.

[33] Umbeck J. A Theory of Contract Choice and the California Gold Rush. The Journal of Law & Economics, 1977, b (20): 421-437.

[34] Schotter Andrew. Economics and the Theory of Games: A Survey [J]. Journal of Economic Literature, 1980, 18 (2): 479-527.

[35] North D C. Structure and Change in Economic History [M]. London: Norton, 1981: 123-156.

[36] Libecap G D. Contracting for Property Rights [M]. Cambridge: Cambridge University Press, 1989: 132.

[37] Robert, Sugden. A Theory of Focal Points [J]. Economic Journal, 1995, 105 (430): 50-533.

[38] Robert, Sugden. Book Reviews [J]. Journal of Economic Methodology, 1998, 5 (1): 157-163.

[39] Young H P. An Evolutionary Model of Bargaining [J]. Journal of Economic Theory, 1993, 59 (1): 145-168.

[40] Young, H P. The Economics of Convention [J]. Journal of Economic Perspectives, 1996, 10 (2): 22-105.

[41] Sumner J, La Croix. Property Rights and Institutional Change during Australia's Gold Rush [J]. Explorations in Economic History, 1992, 36 (29): 206-227.

[42] Nellie James. An Overview of Papua New Guinea's Mineral

Policy [J]. Resources Policy, 1997, 23 (1/2): 97-101.

[43] Helena McLeod. Compensation for Landowners Affected by Mineral Development: The Fijian Experience [J]. Resources Policy, 2000, 63 (26): 115-125.

[44] Linda Fernandez. Natural Resources, Agriculture and Property Rights [J]. Ecological Economics, 2006, 78 (57): 359-373.

[45] 伊利,等. 土地经济学理 [M]. 北京: 商务印书馆, 1982: 223-225.

[46] Alonso. Location and Land Use [M]. Cambridge, MA: Harvard University Press, 1964: 267-278.

[47] Mills Edwsns. An Aggregative Model of Resource Allocation in Metropolitan Areas [J]. Ameriean Economic Review, 1967, 15 (57): 197-210.

[48] Willem K, Korthals Altes. The Single European Market and Land Development [J]. Planning Theory & Practice, 2006, 48 (3): 247-266.

[49] Saturnino M, Borras JR. Can Redistributive Reform be Achieved via Market-Based Voluntaru Land Transfer Schemes: Evidence and Lessons from the Philippines [J]. The Journal of Development Studies, 2005, 65 (1): 69-76.

[50] Jean Philippe Colin, Mourad Ayouz. The Development of a Land Market [J]. Land Economics, 2006, 82 (3): 404-423.

[51] Nivelin Noev. Contracts and Rental Behavior in the Bulgarian Land Market [J]. Eastern European Economics, 2008, 125 (7): 7-8.

[52] Anka Lisec, Miran Ferlan, Franc Lobniketal. Modelling the Rural Land Transaction Procedure [J]. Land Use Policy, 2008

(2): 286-297.

[53] Tim Dixon. Urban Land and Property Ownership Patterns in the UK: Trends and Forces for Change [J]. Land Use Policy, 2009 (265): 543-553.

[54] ESpen Sjaastad, Ben Cousins. Formalisation of Land Rights in the South: An Overview [J]. Land Use Policy, 2008 (26): 369-436.

[55] 罗斯·L. 瓦茨, 杰罗尔德·L. 齐墨尔曼. 实证会计理论 [M]. 陈少华, 等, 译. 大连: 东北财经大学出版社, 2006: 1.

[56] 龚光明, 陈洁. 采掘行业财务会计与报告的基本问题研究 [J]. 中国石油大学学报, 2010, 26 (3): 11-15.

[57] 陈洁, 龚光明. 澳大利亚采掘业会计的特色与启示 [J]. 会计之友, 2010 (7): 125-127.

[58] 牛福增. 关于坚持马克思主义产权理论的若干思考 [J]. 马克思主义与现实, 1997 (5): 4-8.

[59] 刘诗白. 产权新论 [M]. 成都: 西南财经大学出版社, 1993: 132-136.

[60] 张军. 现代产权经济学 [M]. 上海: 上海人民出版社, 1994: 134.

[61] 唐贤兴. 产权、国家与民主 [M]. 上海: 复旦大学出版社, 2002: 12.

[62] 胡敏. 风景名胜资源产权的经济分析——以自然旅游地为例 [D]. 杭州: 浙江大学, 2004: 1.

[63] 张利庠, 岳利萍. 我国自然资源产权市场的经济学分析 [J]. 改革, 2007 (1): 1-6.

[64] 吴海涛, 张晖明. 资源性国有资产的资产化管理 [J]. 上海经济研究, 2009 (6): 30-37.

[65] 许抄军，罗能生，王良健. 我国矿产资源产权研究综述及发展方向 [J]. 中国矿业，2007，16 (1)：23-25.

[66] 孟昌. 对自然资源产权制度改革的思考 [J]. 改革，2003 (5)：114-117.

[67] 吴垠. 矿物资源产权制度的性质、结构与改革取向 [J]. 中国发展观察，2009 (5)：23-24.

[68] 罗能生，王仲博. 基于委托代理模型的我国矿产资源优化配置研究 [J]. 中国人口·资源与环境，2012，22 (8)：153-159.

[69] 严良. 论矿产资源产权及其明晰的意义 [J]. 科技进步与对策，2000，17 (4)：143-144.

[70] 覃兰静，唐小平. 中国矿产资源产权改革的方向——市场化 [J]. 资源·产业，2004，6 (2)：10-12.

[71] 王雪峰. 中国矿产资源产权创新的制度分析 [J]. 国土资源导刊，2008，5 (1)：30-32.

[72] 胡文国. 煤炭资源产权与开发外部性关系及我国资源产权改革研究 [D]. 北京：清华大学，2009：1.

[73] 陈洁，龚光明. 矿物资源权益分配制度研究 [J]. 理论探讨，2010 (5)：87-90.

[74] 曹海霞. 我国矿产资源产权的制度变迁与发展 [J]. 产经评论，2011 (3)：133-139.

[75] 曹建海. 现代产权理论与我国城市土地产权制度研究 [J]. 首都经贸大学学报，2001 (6)：21-26.

[76] 蓝虹. 中国土地产权制度演进的制度经济分析 [D]. 杨凌：西北农林科技大学，2002：128-129.

[77] 宋玉波. 从制度创新理论看集体土地产权制度建设 [J]. 中国土地科学，2004，18 (3)：18-21.

[78] 原玉廷. 论城市土地产权制度的变革与创新 [J]. 中

国土地科学，2004，18（5）：12-15.

[79] 潘世炳. 中国城市国有土地产权研究［D］. 武汉：华中农业大学，2005：211.

[80] 刘新芝，齐伟，张维，等. 城市土地产权制度的改革研究［J］. 山东社会科学，2006，133（3）：92-95.

[81] 谭峻，叶剑平，伍德业，等. 小城镇土地产权制度与人地关系［J］. 中国土地科学，2007，21（2）：38-43.

[82] 万举. 国家权力下的土地产权博弈——城中村问题的实质［J］. 财经问题研究，2008，294（5）：11-16.

[83] 吴次芳，谭荣，靳相木. 中国土地产权制度的性质和改革路径分析［J］. 浙江大学学报：人文社会科学版，2010，40（6）：25-32.

[84] 谭荣. 土地产权及其流转制度改革的路径选择［J］. 中国土地科学，2010，24（5）：64-69.

[85] 刘峰，黄少安. 科斯定理与会计准则［J］. 会计研究，1992（6）：22-29.

[86] 郭道扬. 论产权会计观与产权会计变革［J］. 会计研究，2004（2）：8-15，28.

[87] 田昆儒. 产权经济会计论纲［J］. 财会月刊，1998（6）：6-8.

[88] 田昆儒. 再论会计契约：基于产权理论的会计本质考察［J］. 企业经济，2012，382（6）：5-10.

[89] 杨再勇，龚光明. 产权与会计关系论［J］. 当代经济管理，2008（30）：95-97.

[90] 王一夫. 从产权经济学看企业的会计目标［J］. 会计之友，1997（6）：26.

[91] 李梅英. 从产权组织形式分析我国国有企业会计的目标［J］. 内蒙古财经学院学报，1999（2）：87-89.

[92] 胡凯. 从产权的新视角对会计目标进行重构 [J]. 广西会计，2000 (3)：27-29.

[93] 伍中信. 产权与会计 [M]. 上海：立信会计出版社，1998：2.

[94] 周华. 从会计恒等式看企业产权观 [J]. 财会研究，2009 (7)：24-25.

[95] 施先旺. 动态会计要素：基于产权价值运动视角的分析 [J]. 会计论坛，2010，17 (1)：33-45.

[96] 伍中信，肖美英. 信息、产权与博弈：会计监督的经济学 [J]. 会计研究，1997 (12)：15-18.

[97] 杜兴强. 会计信息的产权问题研究 [J]. 当代财经，1998 (4)：46-50.

[98] 杜兴强. 会计信息产权的逻辑及其博弈，会计研究，2002 (2)：52-58.

[99] 夏成才，王雄元. 论会计信息产权的俱乐部模式 [J]. 会计论坛，2003，3 (1)：36-41.

[100] 韩传兵. 会计信息的产权问题和披露理论 [J]. 经济研究导刊，2007，13 (6)：84-86.

[101] 吴俊英，孔红枚. 会计信息产权存续模式：公共产权或私人产权 [J]. 经济问题，2010 (8)：106-110.

[102] 刘昌胜. 会计信息产权的经济分析框架 [J]. 会计论坛，2011，19 (1)：60-70.

[103] 雷光勇. 企业会计契约：动态过程与效率 [J]. 经济研究，2004 (5)：98-106.

[104] 曹越. 产权会计发展的必然：公允价值计量 [J]. 财会月刊：综合版，2006 (34)：7-8.

[105] 曹越，伍中信. 产权保护、公允价值与会计改革 [J]. 会计研究，2009 (2)：28-33.

[106] 张荣武，伍中信. 产权保护、公允价值与会计稳健[J]. 会计研究，2010 (1)：30-36，97.

[107] 龚光明，肖文建. 美国石油天然气财务会计准则的制定及启示 [J]. 财会通讯，2000 (11)：56-57.

[108] 龚光明，李晚金. 关于建立我国石油天然气会计准则的若干问题 [J]. 江汉石油学院学报：社科版，2002 (1)：23-25.

[109] 龚光明，马新勇. 石油天然气行业的会计与报告模式：储量认可会计法 [J]. 石油大学学报：社会科学版，2002 (1)：4-6.

[110] 龚光明. 油气资产转让收益决定研究 [J]. 江汉石油学院学报：社科版，2002 (2)：18-20.

[111] 龚光明. 石油天然气资产会计论 [M]. 北京：石油工业出版社，2002：5.

[112] 龚光明. 油气会计准则研究 [M]. 北京：石油工业出版社，2002：8.

[113] 龚光明，李晚金. 采掘行业财务会计与报告的国际进展 [J]. 上海会计，2003 (2)：43-45.

[114] 龚光明，廖云. 矿物资源勘探与评价活动会计——国际会计准则委员会 ED6 介评 [J]. 当代经济管理，2004 (6)：85-88.

[115] 龚光明，薛西武. 油气资产报告：对 SFAS No.19 之报告要求的评价 [J]. 西安石油大学学报，2005 (1)：5-8.

[116] 龚光明，李晚金. 英国石油天然气会计规范：评价与启示 [J]. 当代经济管理，2005 (2)：104-108.

[117] 龚光明，廖云. 油气生产活动揭示：SFAS No.69 的揭示逻辑分析 [J]. 石油大学学报，2005 (4)：12-15.

[118] 龚光明. 中国石油天然气会计准则的评价与改进 [J]. 中国石油大学学报，2008 (2)：11-13.

[119] 吴杰，廖洪. 国际采掘行业会计研究综述［J］. 财会通讯，2005（9）：77-80.

[120] 吴杰，许家林. 矿物资源勘探与评价会计准则的国际趋同研究［J］. 山西财经大学学报，2005（12）：130-136.

[121] 吴杰，张自伟. 中美石油天然气会计准则比较——对完善我国石油天然气开采会计准则的建议［J］. 国际石油经济，2005（12）：41-44.

[122] 吴杰. 采掘行业会计准则制定的国际比较及对我国的启示——基于对 AASB6 与 IFRS6 的趋同分析［J］. 中国石油大学学报，2006（4）：11-14.

[123] 吴杰，张自伟. 我国石油天然气会计准则的国际比较与协调［J］. 国际石油经济，2006（10）：36-42.

[124] 吴杰，吉寿松. IASB 采掘业会计研究项目的最新进展［J］. 中国石油大学学报，2008（4）：14-19.

[125] 谭旭红. 矿物资源资产会计问题研究［D］. 哈尔滨：东北林业大学，2006：10-13.

[126] 赵选民，何玉润. 关于石油天然气会计核算的几个问题［J］. 会计研究，2002（2）：58-62.

[127] 李恩柱. 非油气矿物资源会计问题研究［J］. 会计研究，2008（4）：3-10.

[128] 陈洁. 产权流转、公允价值计量与企业风险控制［J］. 求索，2012（9）：235-237.

[129] 陈洁，龚光明. 论采掘活动会计研究的理论基础［J］. 财会月刊，2010（3）：5-7.

[130] 陈洁，龚光明. 财务会计概念框架结构国际比较与启示［J］. 财会通讯，2010（7）：8-12.

[131] 葛家澍. 建立中国财务会计概念框架的总体设想［J］. 会计研究，2004（1）：9-19.

[132] 林斌，杨德明，石水平. 不确定性会计信息披露研究 [M]. 北京：中国财政经济出版社，2008：108.

[133] March J G，H A Simon. Organizations [M]. 2nd edition. New York：Wiley-Blackwell，1993：45.

[134] Thompson J D. Organizations in Action [M]. New York：McGraw-Hill，1967：37.

[135] 弗兰克·奈特. 风险、不确定性和利润 [M]. 郭武军，刘亮，译. 北京：华夏出版社，2011：16.

[136] Haynes J. Risk as an Economic Facor [J]. Quarterly Journal of Economics，1985 (9)：409-441.

[137] Chester Arthur Williams，Richard M Heins. Risk Management & Insurance [M]. New York：McGraw-Hill，1964：1-755.

[138] 约翰逊，金屈莱. 会计学原理 [M]. 潘兆申，译. 上海：上海人民出版社，1989：3-6.

[139] 林斌. 论不确定性会计 [J]. 会计研究，2000 (6)：24-29.

[140] 林斌. 不确定性会计的理论与方法研究 [J]. 审计与经济研究，2008 (7)：109-110.

[141] 雷光勇. 论会计的不确定性及其适度控制 [J]. 福建金融管理干部学院学报，2001 (3)：43-46.

[142] 陈洁，龚光明. 低碳经济下我国矿权市场建设研究综述与分析 [J]. 经济学动态，2011 (7)：99-102.

[143] 葛家澍. 葛家澍会计文集 [M]. 上海：立信会计出版社，2010 (3)：110.

[144] Barth M，C. Murphy. Required Financial Statement Disclosure：Purposes，Subject，Number and Trends [J]. Accounting Horizons，1994 (8)：1-22.

[145] 陈洁，龚光明. 矿产资源价值构成与会计计量 [J]. 财经理论与实践，2010 (4)：53-57.

[146] 李万亨. 矿业权价值的构成及其经济实现 [J]. 地球科学——中国地质大学学报，2002 (1)：81-84.

[147] 谢贵明. 矿业权价值构成的初步探讨 [J]. 中国国土资源经济，2004 (10)：22-23，48.

[148] 张金路. 探矿权的价值确认与计价方法探讨 [J]. 资源产业经济，2006 (4)：26-28.

[149] 陈洁，龚光明. 基于期权的产权流转价值评估 [J]. 统计与决策，2012 (3)：173-176.

[150] 陈洁，龚光明. 公允价值在矿物资源储量资产上的运用条件分析 [J]. 财会通讯，2011 (11)：140-141.

[151] Nelson Chan. Land - Use Rights in Mainland China: Problems and Recommendations for Improvement [J]. Journal of Real Estate Literature, 1999 (7): 53-63.

[152] 姜爱林. 国有土地分配与转让的现实状况、存在问题与解决对策 [J]. 财贸研究，2003 (2)：8-12.

[153] 让·巴蒂斯特·萨伊. 政治经济学概论 [M]. 陈福生，陈振骅，译. 北京：商务印书馆，1997：60.

[154] 弗·冯·维塞尔. 自然价值 [M]. 陈国庆，译. 北京：商务印书馆，1987：123-146.

[155] 徐公达，等. 期权方法在飞机租赁风险管理中的应用 [J]. 上海工程技术大学学报，2003 (3)：47-50.

[156] 陈洁. 矿物资源价值计量与报告研究 [M]. 北京：中国财政经济出版社，2011：260-261.

致谢

本书付梓，掩卷而憩。回首几年的博士学习，感慨万千。本书的写作是一场炼狱般的煎熬，经历了多少个不眠的夜晚，经历了多少次自我否定，当然也经历了喷出写作思路火花的喜悦与激动。

记得刚入校时，心情无比激动，湖南大学坐落在岳麓山下，风景优美，文化底蕴深厚，一直是我梦寐以求的殿堂。在这里能够得到我的导师龚光明教授的关怀和指导，是我一生的荣幸。龚教授为人师表、治学严谨。本研究倾注了导师大量的心血，从选题、构思、设计、方案实施到本书写作的每一个环节，导师都悉心指导，严格把关，使本书得以顺利完成。导师渊博的学识、深邃的洞察力、严谨的治学态度和缜密的思维方式使我受益匪浅，是我今后工作和学习的典范。导师在传授我知识的同时，更注重培养我解决问题的思路与方法，我所取得的每一点进步无不凝聚着导师的心血。我首先衷心感谢我的导师龚教授对我的悉心指导与精心培养。同时，衷心感谢师母李晚金老师对我学业上、生活上的支持和关爱。

在博士学习期间，有幸聆听伍中信、郭平、王善平、陈纪瑜、谢诗芬诸位教授的教导，他们对本书的构思、完善提出了非常有价值的意见，使本书的分析思路更加清晰、更加理性，同时拓宽了我的研究视野和写作思路。

四年的学习，收获了纯真的友谊，得到了快乐和感动，终生留恋。感谢我的师姐徐莉萍博士，同窗好友陈若华博士、单虹博士、陈静博士、张旻博士、龙立博士、徐思博士以及我的三位越南同学黄晋勇、阮英俊和团文鼎博士，在我论文写作过程中给予的指导和帮助。

父母伟大而无私的爱是本书顺利完成的精神支柱，每当我写作烦闷时，他们都会鼓励我、安慰我；丈夫是我坚强的后盾，一路陪伴我走过人生的高潮和低谷，分担着失败的苦涩，分享着成功的喜悦；宝贝儿子刘可成是我的骄傲，也是我写作的动力，他的健康成长和优秀表现让我不敢懈怠，在此，谨以本书报答爱我的以及我爱的亲人们。

本书研究课题承蒙教育部人文社会科学规划一般项目“矿物资源价值计量与报告研究”(10YJA790018)、湖南省哲学社会科学基金项目“采掘行业财务会计与报告问题研究”(11WTC06)的支持，特此致谢。

陈洁

2015 年 10 月